0

자기소개서·진로설계서로

미래를
폼나게
디자인
하라

자기소개서 · 진로설계서로

미래를 폼나게 디자인하라

1판 1쇄 인쇄 2012년 1월 15일
1판 1쇄 발행 2012년 1월 20일

집필   김세정, 서유리 공저
기획   이봉순
편집   디박스
디자인   디박스
일러스트   강은옥(blog.naver.com/hayama84)
발행인   이연화
발행처   아주큰선물

주소   서울시 용산구 이촌동 한가람 Ⓐ 214-1002
대표전화   02-796-7411
대표팩스   02-796-7412
등록번호   106-09-23890

자기소개서 · 진로설계서로

미래를 폼나게 디자인하라

천편일률적
자기소개서는 가라!
개성만점
기발한 예시

미래의
꿈과 비전을
만드는
길잡이!

상황별
다양한 자기소개서
쓰기의 노하우!

김세정, 서유리 공저

중·고등학교 수행평가 대비 국제중·특목고·영재원 대학 입학의 필수

아주큰선물

| 머 | 리 | 말 |

　새 학기가 되면 항상 설렘과 두려움이 공존했던 기억이 있어요. 새로운 곳, 새로운 친구들, 새로운 선생님에 대한 기대와 함께 내가 모르는 곳, 나를 모르는 친구들, 선생님에 대한 두려움이 항상 같이 찾아왔죠. 특히, 새 학기 첫 국어 시간은 학생들을 공포의 도가니로 몰아넣었어요. 선생님께서

　"자, 오늘은 첫 시간이니 간단하게 자기소개 한 번 해 보자."

　라고 말씀하시면 여기저기에서

　"우~"

　"에이~"

　하는 야유와 함께

　"싫어요."

　"하지 말아요."

라는 반항 섞인 투정도 함께 들렸죠. 하지만 선생님께서는 그런 반응에 아랑곳하지 않고 1번부터 불러 자기소개를 하도록 하셨죠. 자기 차례가 올까봐 두려워하는 학생들 틈에서 같이 벌벌 떨고 있었던 기억이 아직도 생생하네요.

　생각해 보면 자기소개만큼 쉬운 것도 없는데 왜 그렇게 두려웠던 것일까요? 사람은 누구나 각자 자기에게 맞는 자기소개서의 내용을 갖고 있는 셈인데도 말이에요. 자신에 대해 그만큼 깊게 생각해 보지 않았기 때문은 아닐까요? 생각해 보면 다른 친구에 대해서는 이야기도 많이 하고 생각도 많이 하는데 정작 '나' 자신에 대해서 생각하는 시간은 별로 없었어요. 자기소개의 기초는 '나'에 대한 깊이 있는 성찰이랍니다.

'나는 누구인지, 어떤 생각을 하고 있는지, 나의 가치관은 무엇인지'에 대해 깊이 있는 사고를 한다면 누구든 폼나는 자기소개서를 쓸 수 있을 거예요. 그 다음부터는 더 이상 자기를 소개하는 시간이 두려운 시간이 되지 않을 거예요.

　자기소개서로 현재를 폼나게 디자인했다면 그것에 만족해서는 안 되겠죠? 여러분은 현재를 살고 있지만 미래의 주인공이 될 사람들이니까요. 요즘 학생들을 만나서 대화를 나눠보면 가장 아쉬운 부분이 뚜렷한 꿈이 없다는 거예요. 미래에 대한 꿈이 없이 현실의 무거운 짐을 지고 살고 있는 듯한 학생들의 모습에 마음이 아프답니다. 하지만 반대로 생각해 보면 미래에 대한 꿈이 없기 때문에 현실이 무거운 짐으로 느껴지는 것은 아닐까요? 확실한 꿈을 가지고 그 꿈을 향해 전진한다면 현실은 꿈에 도달하게 만드는 징검다리가 될 거예요. 미래에 대한 확실한 계획을 갖는 것은 매우 중요한 일이에요. 특히 꿈을 구체화하고 시각화하는 일은 더욱더 중요하지요. 진로설계서로 나의 미래에 대해 깊이 있게 생각해 보고, 꿈을 이루기 위한 구체적인 계획을 세워 보세요. 빛나는 미래가 여러분을 기다릴 거예요.

자기소개서로 현재를 폼나게 표현하고,
진로설계서로 미래를 빛나게 디자인하자!

김세정, 서유리

| 차 | 례 |

|넷|째|마|당|

진로 설계하기

'나'는 누구인가?

나의 뇌구조 그리기

'나'를 소개하는 것이 어렵다고?

예전에 소크라테스라는 철학자가 이런 말을 했어. '너 자신을 알라.' 그만큼 자기 자신에 대해 아는 것은 매우 중요하지. 그래서 많은 학교, 기관에서 입사, 혹은 입학할 때 꼭 필요한 서류로 '자기소개서'를 꼽아. 그뿐만 아니라 첫 만남에서 가장 중요한 것도 바로 인상적인 자기소개야. 그런데 자기를 소개하는 것이 왜 이렇게 어려울까? 자기 자신에 대해 생각해 볼 시간이 많지 않아서가 아닐까?

첫 만남에서 가장 중요한것은 바로 인상적인 자기소개!
인상적으로 자기소개를 하고 싶다고? 인상적인 자기소개를
하려면 먼저 자신에 대해 생각해 보는 것이 필요해.

'나'에 대한 깊이 있는 성찰이 필요해.

'나'를 소개하려면 우선 '나'에 대한 깊이 있는 성찰이 중요해. 대부분의 학생들은 '나' 아닌 다른 것들에는 관심도 많고, 생각도 많이 하는데 정작 자기 자신에 대해서는 잘 생각하지 않아. 초등학교 때까지 썼던 일기도 청소년이 되면서 점점 내려놓게 되지. 그러면서 '나'를 돌아보는 시간이 점점 줄어들게 되었어. 하지만 자신을 돌아보는 일은 '자기소개서' 쓰기에서 매우 중요해. '자기소개서'를 작성하는 것 자체가 '자신의 삶을 되돌아보고 자신의 진로에 대한 계획을 세워보는 것'이기 때문이지.

자기소개서는 자신의 삶을 되돌아보고 자신의 진로에 대한 계획을 세우기 위해 준비하는 과정이야! 자신에 대한 깊이 있는 성찰이 필요하겠지?

나의 뇌구조를 그리며 나만의 특징을 찾아봐.

자, 그럼 지금부터 폼 나는 자기소개서를 쓰기 전에 '나'에 대해 생각해 보는 시간을 가져볼까? '나'는 누구인가, 나는 어떻게 살았으며, 또 어떻게 살 것인가 라는 기본 질문 중 '나는 누구인가'에 대해 먼저 생각해 보자. '나'를 '나'라고 할 수 있는 것이 무엇일까? 무척 어렵게 느껴지지? 일단 너의 뇌구조를 그려보면서 지금 네가 하고 있는 생각을 정리해 봐. 그러다 보면 나는 다른 사람과 무엇이 다른지, '나'라고 할 수 있는 나만의 특징은 무엇인지 찾을 수 있을 거야.

나의 뇌구조를 그리면서 남과 다른 나만의 특징을 찾아봐. 자기소개서 쓰기의 기초가 될 거야.

'나의 뇌구조' 그리기

1. '솔직함'이 최고

→ '나'에 대해 제대로 알고 싶다고? 그렇다면 뇌구조를 그릴 때 만큼은 너를 솔직하게 정리해 봐.

2. 간단한 '메모'는 필수

→ 단순히 생각만 나열하는 게 아니라 그런 생각을 한 이유에 대해서도 간단히 메모한다면 더 정확한 뇌구조가 되겠지?

나의 뇌구조 그리는 과정

1 먼저 나에 대해 생각하는 시간을 갖자. 나를 돌아보고 생각나는 것들을 모두 적어 봐. 단어 형식도 좋고 문장 형식도 좋아. 너의 관심사, 네가 생각하는 것, 너의 고민, 네가 하고 싶은 것 등 너의 모든 생각을 자유롭게 적어 보는 거야.

2 이때 중요한 것은 '진실성'이야. 왜냐하면 자기소개서에서 가장 중요한 것은 글을 쓰는 사람과 글을 읽는 사람 사이의 믿음이기 때문이지. 따라서 자기소개서 내용에 거짓이나 과장이 없어야 해. 거짓이나 과장이 없는 자기소개서를 쓰려면 자신을 객관적으로 보는 것이 필요하겠지? 자랑하고 드러내고 싶은 것부터 부끄럽고 감추고 싶은 것까지 솔직하게 표현하는 것이 중요해.

3 너의 생각을 자유롭게 써 봤니? 그러면 이제 너의 생각들을 곰곰이 살펴봐. 그리고 수많은 생각 중 너의 머릿속에서 가장 많은 부분을 차지하는 생각부터 순서를 정해 봐. 그리고 그렇게 순서를 정한 이유를 간단하게 정리해 봐.

4 앞에서 정리한 내용을 바탕으로 나만의 뇌구조를 그려볼까? 가장 많은 부분을 차지하는 생각을 가장 크게 그리면 되겠지? 그리고 그 생각을 하는 이유를 간단하게 메모해 보는 것도 좋아. 뇌구조를 그리고 난 뒤에 나만의 뇌구조를 잘 살펴봐. 그러면 '나는 누구인지', '나는 다른 사람과 무엇이 다른지', '나'라고 할 수 있는 나만의 특징'은 무엇인지 알 수 있을 거야. 뇌구조를 보고 알 수 있는 나만의 특징도 간단하게 메모해 두면 자기소개서를 쓸 때 많은 도움이 될 거야.

한눈에 보는 **'나의 뇌구조' 그리는 과정**

1. 내 생각을 모두 적는다.
2. 내 생각을 적을 때는 솔직하게 표현한다.
3. 생각의 순서를 정한다.
4. 위 내용을 바탕으로 '뇌구조'를 그린다.

나의 뇌구조 그리기 : 예시 :

나의 생각 쓰기

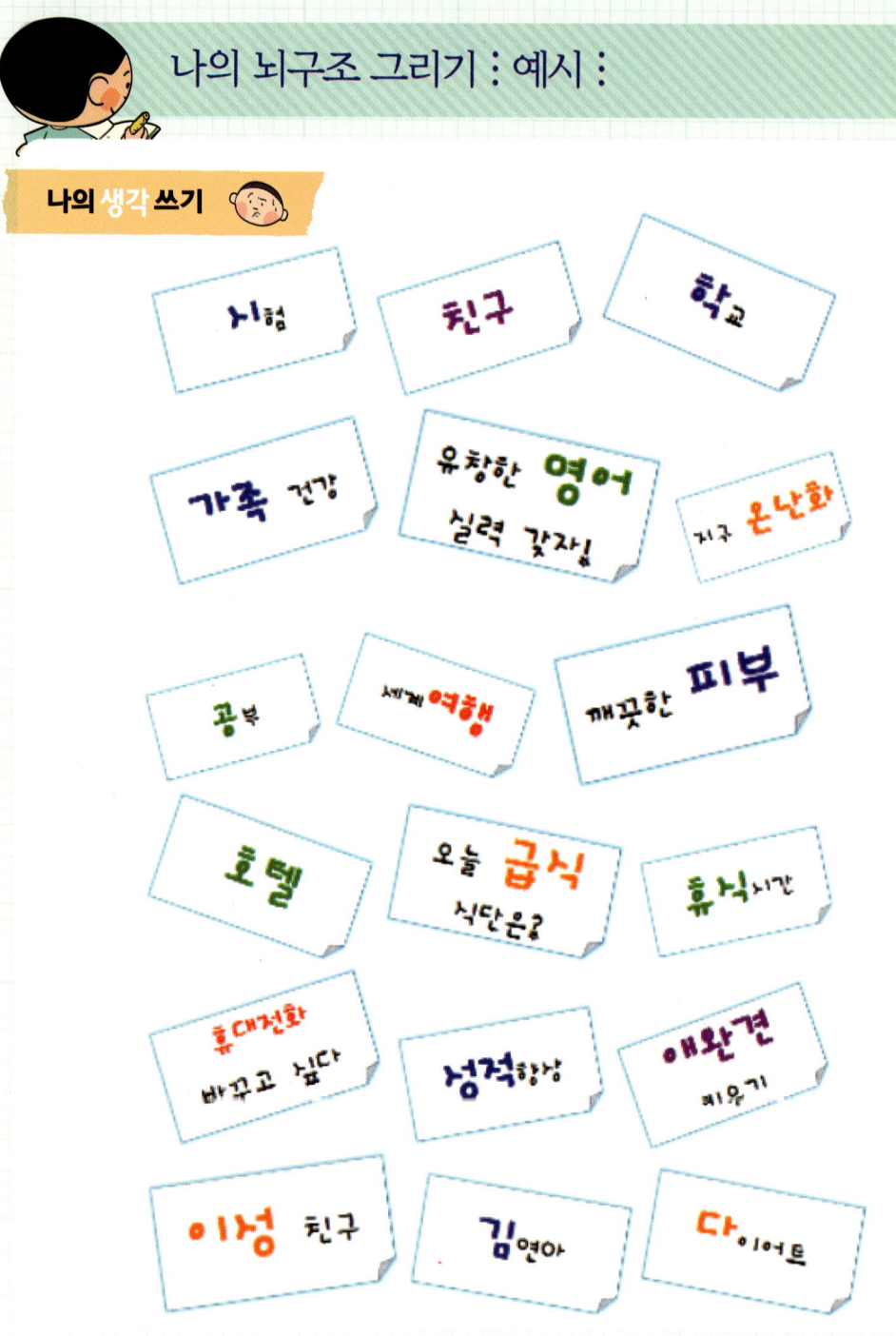

시험　　친구　　학교

가족 건강　　유창한 영어 실력 갖자!　　지구 온난화

공부　　세계 여행　　깨끗한 피부

호텔　　오늘 급식 식단은?　　휴식시간

휴대전화 바꾸고 싶다　　성격향상　　애완견 키우기

이성 친구　　김연아　　다이어트

순위	생각	이유
1	영어 공부	세계 여행을 하려면 세계 공용어인 영어를 유창하게 해야 하기 때문이다. 세계 여행을 하며 세계적으로 유명한 호텔들을 둘러보고 싶다. 김연아 선수가 평창 동계 올림픽 유치를 위해 유창한 영어로 프레젠테이션하는 모습은 무척 인상적이었다. 나도 영어를 잘 해 세계적인 호텔리어가 되고 싶다.
2	성적 향상	작년에는 내가 원하는 만큼의 성적이 나오지 않아 속상했다. 새학기에는 꼭 나의 목표 성적에 도달하고 싶다.
3	휴대 전화	친구들 대부분이 스마트 폰이다. 그런데 나는 아직 2G 폰을 쓰고 있다. 친구들과 원활한 대화를 위해 스마트폰이 필요하다. 부모님께서 성적이 오르면 사 주신다고 하셨다. 그래서 성적 향상에 대한 욕구가 더 커졌다.
4	친구	작년에 같은 반 단짝이었던 세정, 유리와 다른 반이 되었다. 새로운 친구를 사귀어야 한다는 부담감과 새로운 친구를 만난다는 설렘이 공존한다.
5	가족 건강	부모님께서 요즘 들어 자주 피곤하다고 하신다. 직장 일에 집안일까지 하시느라 스트레스가 많으신 것 같다. 동생과 함께 부모님의 일을 열심히 도와야겠다.

순위	생각	이유
1		
2		
3		
4		
5		
6		
7		

나의 **뇌구조** 그리기

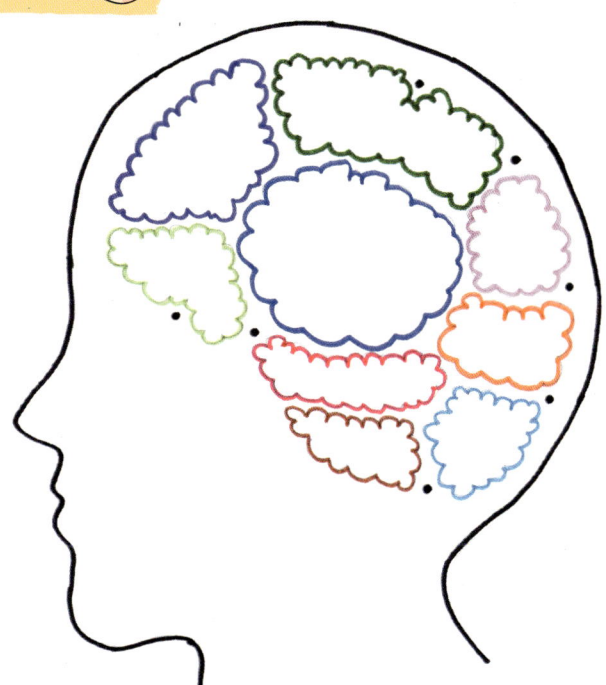

현재의 '나'에 대해 정리하기

나의 **뇌구조** 그리기

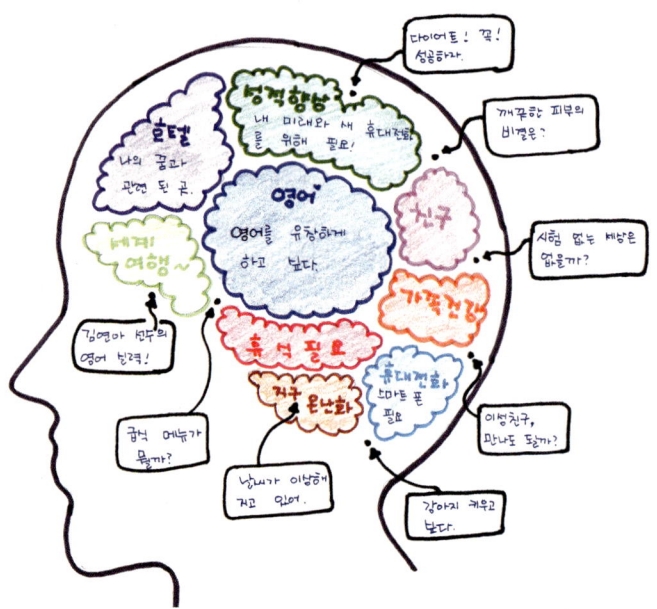

현재의 '나'에 대해 **정리하기**

　나는 다이어트, 깨끗한 피부 등 외모와 이성친구들에게도 관심을 보이는 전형적인 사춘기 여학생이다. 하지만 다른 친구들보다 영어 공부에 대한 관심이 더 많다. 이유는 세계 여행을 하며 세계적으로 유명한 호텔에 가보고 싶기 때문이다. 항상 미래에 무엇을 할까 고민했는데 뇌구조를 그리다 보니 내가 호텔에 관심이 있다는 것을 알았다. 또한 나는 지구온난화 등 세계 문제에도 관심을 갖고 있다. 나의 무대는 우리나라가 아니라 전 세계가 될 것이기 때문이다. 그리고 나는 가족, 친구 등 인간관계를 굉장히 중요하게 생각하는 따뜻한 사람이다.

나의 생각 쓰기

라이프스타일 맵

나의 정체성을 찾기 위해 나의 삶을 돌아보자.

　다시 한 번 말하지만 '자기소개서'를 쓰는 것은 '자신의 삶을 되돌아보고 자신의 진로에 대한 계획을 세워보는 것'이야. 그래서 앞에서 '나는 누구인가?'에 대해 생각해 봤어. 그럼 이제 '나는 어떻게 살았으며, 또 어떻게 살 것인가?'를 생각해 보자. 내가 어떻게 살았는지 또 어떻게 살 것인지를 정리해 보면 내가 우선시하는 것이 무엇인지 알게 될 거야. 내 삶에서 많은 비중을 차지하고 있는 것! 바로 그것이 나의 정체성과 관련이 있는 거야.

　나는 어떻게 살았고 또 어떻게 살 것인가?
　자신의 정체성을 알기 위한 질문이야. 곰곰이 생각해 보자!

'라이프스타일 맵'을 그리며 나의 생활을 들여다 보자.

　내가 어떻게 살았는지, 또 어떻게 살 것인지를 정리하는 일은 어렵지 않아. 나만의 '라이프스타일 맵'을 그려 보면 현재 내가 어떻게 살고 있는지 알 수 있을 거야. 하루를 어떻게 보내는지 시간을 나누어 나의 생활을 돌아보자. 이때 평일의 하루와 주말의 하루를 나누어서 정리해 보는 것이 좋아. 라이프스타일 맵을 그려보고 네가 가장 많은 시간을 투자하는 분야를 정리해 봐. 그리고 미래의 네 생활을 위해 줄여야 할 시간, 그리고 더 투자해야 할 시간을 정리하다 보면 너의 진짜 모습이 보일 거야. 나를 제대로 아는 것이 자기소개서의 기초라고 했지?

'나만의 라이프스타일 맵'으로 '나의 정체성'을 찾아보자.

'나만의 라이프스타일 맵'은 나의 생활, 즉 내가 어떻게 살고 있는지 알려주는 지표가 될 거야!

나만의 정체성을 찾아보자.

모든 사람은 개인적인 삶이 있고 자기 정체성을 갖고 있어. 같은 시간을 살아도 서로의 생활 패턴은 다 다르지. 즉, 모든 사람은 각자 자신에게 맞는 자기소개서의 내용을 갖고 있는 셈이지. 살아온 과정과 미래에 대한 전망이 모두 다르기 때문에 자기소개서는 자신이 가장 잘 쓸 수 있는 법이야. 너만의 개성을 잘 드러내는 것! 그것이 자기소개의 기초라고 할 수 있어. 그런데 많은 학생들이 자신에 대해 아는 것조차 힘들어 해. 라이프스타일 맵을 그리며 나의 진짜 모습을 찾아보자.

나만이 갖고 있는 개성을 드러내는 것!
이것이 자기소개의 기초야. 라이프스타일 맵을 통해 나만의 개성을 찾아봐.

나만의 라이프스타일 맵 그리는 과정

1 먼저 평소 나의 생활을 돌아보자. 일어나서 잠들 때까지 하는 모든 일을 적어 보는 거야. 사소한 일이어도 괜찮고, 특별한 일이어도 괜찮아. 너의 일상을 솔직하게 적어 보는 것이 중요해.

자신의 일상을 적을 때는 특별한 날을 기준으로 하지 말고, 전형적인 일상을 적어야 해! 평소 나의 일상을 돌아보고 나의 삶을 정리하는 것이 라이프스타일 맵이기 때문이야.

2 너의 생활을 돌아보았니? 그렇다면 이제 너의 생활을 크게 평일의 하루와 주말의 하루로 나누어 봐! 그리고 아침부터 저녁까지 어떤 일을 하는지 정리해 봐. 일단 오전, 오후, 저녁, 밤으로 나누고 너의 일과에 따라 세부적으로 시간을 나누어서 하는 일을 정리하는 거야.

이렇게 너의 일과를 정리하다 보면 네가 좋아하는 일, 비중을 두는 일, 또는 하기 싫은 일 등을 알 수 있을 거야.

3 하루 일과를 정리할 때 의무적으로 해야 하는 일과 자유롭게 하는 일을 구분해 봐. 다른 색으로 쓰는 것도 좋고, 하이라이트 펜으로 표시를 해 보는 것도 좋겠지? 이렇게 구분을 해 보면 내 자유의지를 적용할 수 있는 시간에 주로 어떤 일을 하는지 한눈에 알 수 있을 거야.

4 너의 일상을 정리하는 일과표를 잘 그려봤지? 그럼, 다음 물음에 답하며 자기를 돌아보고 이상적인 라이프스타일 맵을 그려보자.

1. 나의 하루 중 가장 많은 시간을 투자하는 일은?
2. 나의 하루 중 가장 의미 있는 시간은? 그 이유는?
3. 나의 하루 중 불필요한 시간은? 그 이유는?

위의 물음에 성실하게 답을 해 봤니? 네가 아닌 다른 사람이 너의 '일과표'를 본다면 어떻게 생각할까? 제3자의 입장이 되어 일과를 평가해 보고, 너에게 조언을 해 보자. 이 과정은 자아 성찰의 계기가 될 거야.

마지막으로 너의 생활과 생각, 가치관이 잘 드러나는 '라이프스타일 맵'을 그려봐. 이때 일과표를 그리며 반성한 것을 토대로 자신이 생각하는 가장 이상적인 '라이프스타일 맵'을 그려 보는 것이 좋아.

일과표 그리기 : 평일의 하루 : 예시 :

시간	세부사항
오전 7 : 00	* 기상 & 세면 * 아침 식사 & 등교 준비 → 아침 식사는 생략하고 30분 더 자는 것을 택할 때도 있다.
8 : 10 ~ 오후 4 : 00	* 등교 * 아침 자율학습 → 주로 친구들과 수다를 떨거나 다 하지 못한 숙제를 하는 시간이다. * 수업 & 쉬는 시간 & 점심 시간 → 수업은 매일 시간표가 달라서 다 정리하기는 힘들다. 내가 좋아하는 수업은 영어, 국어이다. → 쉬는 시간에는 부족한 잠을 자거나, 화장실에 가거나 친구들과 수다를 떤다. 아주 배고플 때는 초인적인 힘을 발휘해 매점에 다녀오기도 한다. → 학교생활 중 가장 행복한 점심 시간. 급식을 먹고 친구들과 오랜 시간 즐길 수 있는 시간이다. 날씨가 좋으면 가끔 운동장에 나가 뛰어 놀기도 한다. 체육 시간 외에 유일하게 교실 밖으로 나갈 수 있는 시간이다.
4 : 00 ~ 5 : 00	* 하교 → 청소 당번인 날은 청소를 하고, 친구들과 집으로 돌아온다.
5 : 00 ~ 5 : 30	* 간식, 학원 갈 준비 → 간단하게 간식을 먹고 학원 갈 준비를 한다. → 월, 수, 금은 영어 학원, 화,목, 투는 수학 학원에 가다
6 : 00 ~ 8 : 00	* 학원 → 다른 학교 친구들을 만날 수 있는 곳이다. 특히 초등학교 때 친구들을 만날 수 있어서 좋다.

시 간	세 부 사 항
8 : 30 ~ 9 : 00	* 저녁 식사
	➡ 평일에는 모두 모여 식사를 하는 경우가 적다.
9 : 00 ~ 9 : 30	* 샤워
	➡ 샤워를 할 때 항상 MP3와 스피커를 가지고 들어간다. 크게 노래를 따라 부르며 샤워를 하는 시간은 왠지 해방감을 느낀다.
9 : 30 ~ 10 : 30	* 숙제 & 학교 갈 준비
	➡ 숙제가 많은 날은 한 시간으로 부족하다. 그럴 때는 나만의 자유 시간을 숙제하는 데에 할애해야 한다. "선생님들~ 바쁜 학생들을 위해 숙제는 조금만 내주세요."
10 : 30 ~ 12 : 00	* 나만의 자유 시간
	➡ 하루 일과 중 자유롭게 내가 하고 싶은 것을 할 수 있는 시간이다. 주로 음악을 듣고, 미니 홈피를 관리한다. 또 컴퓨터로 친구들과 대화를 나누기도 한다.
	➡ 내가 좋아하는 호텔에 대해 검색을 해 본다. 세계 여러 나라의 유명한 호텔을 보면 언젠가 호텔리어로 활약하고 있을 내 모습을 상상할 수 있어서 좋다.
12 : 00 ~	* 취침
	➡ 자기 전에 항상 하루의 일을 생각하는 습관이 있다. 언젠가 벤자민 프랭클린의 자서전을 읽은 적이 있는데 그 사람은 항상 하루의 일과를 돌아보고 반성하는 시간을 가졌다고 한다. 그때부터 생긴 습관인데 금방 잠이 들어서 깊이 있는 생각은 하지 못한다.

일과표 그리기 : 주말의 하루 : 예시 :

시간	세부사항
오전 8 : 30	* 기상 & 세면 * 아침 식사 & 교회 갈 준비
9 : 00 ~ 11 : 00	* 교회 → 예배를 드리고 친구들과 성경공부를 하는 시간을 갖는다.
12 : 00 ~ 오후 1 : 00	* 점심 식사 → 가끔 교회 친구들과 먹을 때도 있지만 주로 가족들과 점심을 먹는다.
1 : 00 ~ 5 : 00	* 자유 시간 → 이 시간은 그때 그때 다르게 생활한다. → 영화를 보기도 하고, 부족한 잠을 자기도 한다. → 숙제가 많은 주는 숙제를 하기도 하고, 책을 읽기도 한다.
5 : 00 ~ 7 : 00	* 영어 공부 → 영어에 관심이 많아서 이 시간에는 꼭 영어 공부를 한다. 외국인들과 대화하는 것을 목표로 주로 회화 공부를 한다.
7 : 00 ~ 8 : 00	* 저녁 식사 → 평일에는 가족과 저녁을 먹기가 힘들어서 주말 저녁에는 주로 가족들과 저녁을 먹는다.
8 : 00 ~ 8 : 30	* 샤워 → 역시 MP3는 필수! 그러다 보니 샤워 시간이 조금 길어지기도 한다.

시 간	세 부 사 항
9 : 00 ～ 10 : 00	* TV 시청
	➡ 가족들과 모여 TV를 보는 유일한 시간이다. 우리 가족은 개그 프로그램을 좋아해서 이 시간에 하는 개그 프로그램을 꼭 같이 본다. 초등학교 때 이후 TV를 보는 것이 조금 눈치 보였는데 이 시간만큼은 편하게 TV를 볼 수 있어서 좋다.
10 : 00 ～ 12 : 00	* 나만의 자유 시간
	➡ 평일의 자유 시간과 거의 같은 일을 하며 보낸다.
12 : 00 ～	* 취침
	➡ 주말 저녁에는 특별히 일주일 동안 할 일을 생각한다. 꼭 해야 할 일을 생각하다 보면 어느새 잠이 든다.

일과표 보며 '나' 돌아보기 : 예시 :

1. 나의 하루 중 가장 많은 시간을 투자하는 일은?

평일에는 일단 학교에서 보내는 시간이 가장 많다. 학교에서의 시간은 의무적으로 해야 하는 것이니 만큼 많은 시간을 투자한다고 보기 어렵고 내가 자율적으로 행동할 수 있을 때 가장 많은 시간을 투자하는 일은 음악을 듣거나 친구들과 카톡하기, 또는 트위터 보기, 마지막으로 영어 공부이다. 음악을 듣거나 친구들과 대화를 나누고 컴퓨터를 하는 것은 쉬는 시간을 재미있게 보내며 스트레스를 푸는 방법 중 하나이다.

영어 공부는 내 꿈을 위해서 많은 시간을 투자한다. 나는 호텔리어가 되고 싶은

데 세계적인 호텔에서 근무하기 위해서는 여러 나라 사람들과 자연스러운 대화를 할 수 있어야 한다. 따라서 영어 공부에 많은 시간을 투자한다. 그런데 학교 공부, 숙제 때문에 내가 하고 싶은 공부를 할 수 있는 시간이 많지 않아 조금 아쉽다.

2. 나의 하루 중 가장 의미 있는 시간은? 그 이유는?

① **영어 공부** : 내 꿈을 위해 꼭 필요한 시간

② **하루 일과 생각하기** : 요즈음은 일기를 쓰지 않아서 하루 일과를 돌아보는 시간 이 매우 중요하다는 생각이 든다.

3. 나의 하루 중 불필요한 시간은? 그 이유는?

① **오전 취침 시간** : 잠이 부족해 아침을 먹지 않고 잠을 자는 경우가 많은데 그러다 보면 학교에 갈 준비를 잘 하지 못하기도 한다. 아침에 일찍 일어나 아침도 먹고 학교 갈 준비도 완벽하게 해 하루를 시작하는 것이 좋겠다는 생각이 든다.

② **하루 일과 생각하기** : 중요한 시간이기도 한데 그렇지 않기도 하다. 그 이유는 자기 전에 생각만 하고 정리하지 않아서 내 생활을 돌아보는데 큰 도움이 되지 않기 때문이다.

③ **샤워하기** : 샤워 자체가 불필요한 것이 아니라 샤워 시간에 음악을 듣는 것이 문제이다. 음악을 들으면서 샤워를 하다 보면 샤워 시간이 길어지기도 하고, 물을 낭비하게 되기도 한다.

제3자의 입장에서 나의 생활 평가해 보기 : 예시 :

너의 일과표 잘 봤어. 일과표대로라면 하루를 꼼꼼하게 잘 계획해서 살고 있구나. 특히 아직 어림에도 불구하고 확실한 목표를 정하고 그 목표에 도달하기 위해 계획하고 실천하려는 모습이 매우 인상적이구나. 역시 목표를 정하는 것이 중요한 것 같아. 다른 학생들에게도 이야기해 주고 싶은 점이야.

네 말대로 학교 일정이나 학원 등 규칙적으로 해야 하는 일과가 많은 부분을 차지해서 하고 싶은 공부에 시간 투자를 많이 못한다는 점이 아쉬워. 하지만 확실한 꿈이 있다면 자유 시간을 조금 줄여서라도 시간을 투자해야 하지 않을까? 일과표를 살펴보면 다 좋은데 독서 시간이 거의 없더구나. 좋은 호텔리어가 되기 위해서는 영어 공부도 중요하지만 풍부한 상식과 간접 경험도 필요하지 않을까? 이를 위해 책을 읽는 시간을 꼭 만들었으면 좋겠어.

그리고 하루 일과를 돌아보는 시간을 갖는 것은 매우 좋은데 네 말대로 자기 전에 간단하게 생각만 하고 끝난다면 아무 도움이 되지 않을 것 같아. 조금 피곤하더라도 하루 일과를 돌아볼 때 자기 전에 눈을 감고 누워서 하지 말고 책상에 앉아 메모를 하면서 돌아본다면 지금보다는 의미 있는 시간이 될 거야.

참, 샤워 시간에 음악을 듣는 것은 스트레스도 풀고 취미 생활도 즐길 수 있어 좋은 것 같아. 하지만 적당한 시간을 정해 두고 하는 것이 좋겠지? 계속 음악만 듣다 보면 네 말대로 샤워 시간도 너무 길어지고 물도 낭비하게 되니까 말이야.

이상적인 '라이프스타일 맵' 그리기 : 예시 :

영어 공부 - 하루 1 시간
훌륭한 호텔리어가 되기 위해 기본
이라고 할 수 있는 영어! 하루에
1시간씩 꼭 영어 공부를 한다.

**이상적인 나의 생활
'라이프스타일 맵'**

관심분야
호텔리어

정보 수집 - 하루 30분
성공한 호텔리어가 되기 위해서는 정보가 필수!
다양한 호텔에 대해 검색하며 꿈을 키운다.

독서 - 하루 1 시간
:: 이미 성공한 호텔리어들의 이야기를 보며 멘토를 정한다.
:: 다양한 상식을 쌓을 수 있는 책을 읽는다.

책 한 권은 필수!

나의 꿈에 도움이 되는 책은 항상 넣고 다닌다. 시간이 날 때마다
독서하는 습관을 가진다.

나의 가방

다이어리

(핸드폰 다이어리도 무방함)

평소 생각하는 것, 생활하면서 느낀 점,
준비해야 할 것 등을 메모할 수 있는 다
이어리를 넣고 다닌다. 메모하는 습관
을 갖는다.

**하루의
시작과 끝**

끝 - 30분 투자하기

자기 전 30분 동안 하루 일과를 돌아보고 반성하는 시간을 갖는다.

시작 - 30분 일찍 일어나기

다른 사람보다 30분 일찍 일어나 하루를 시작한다. 일과를 계획해
보고 하루를 준비한다.

시 간	세 부 사 항

시 간	세 부 사 항

일과표 그리기 : 주말의 하루 : 실전 :

시 간	세 부 사 항

시 간	세 부 사 항

일과표 보며 '내' 돌아보기 : 실전 :

1 나의 하루 중 가장 많은 시간을 투자하는 일은?

_____

_____

_____

_____

2 나의 하루 중 가장 의미 있는 시간은? 그 이유는?

_____

_____

_____

_____

3 나의 하루 중 불필요한 시간은? 그 이유는?

_____

_____

_____

_____

# 제3자의 입장에서 나의 생활 평가해 보기 : 실전 :

이상적인 '라이프스타일 맵' 그리기 : 실전 :

지금까지 돌아본 하루 일과표와 평가를 바탕으로 네가 생각하는 이상적인 하루의 모습을 '라이프스타일 맵' 으로 정리해 보자.

이상적인 나의 생활
'라이프스타일 맵'

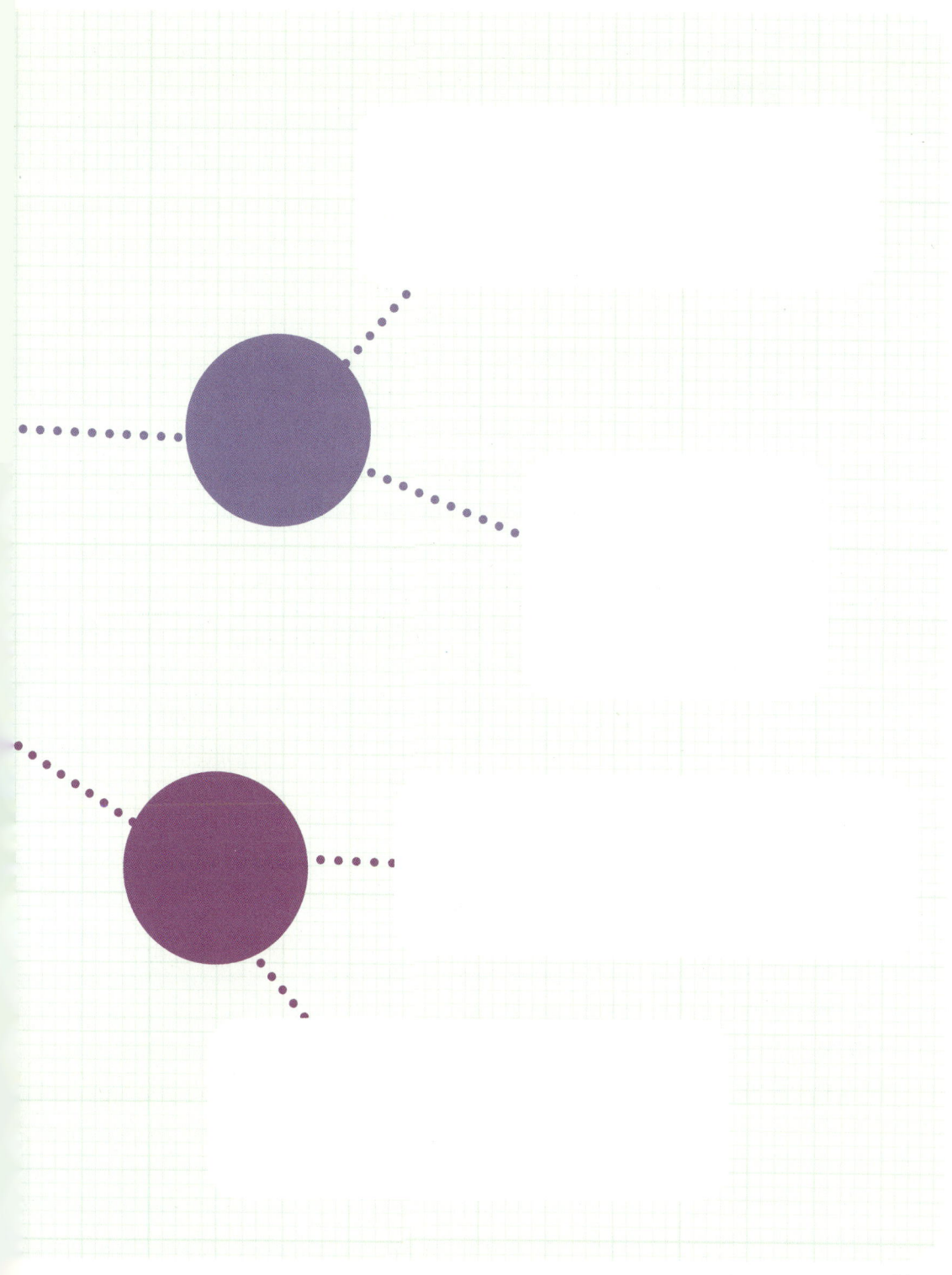

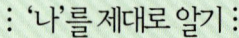

'나'를 찾는 가이드 북

자만하거나 비굴하지 않게 나의 장·단점 소개하기

자기소개서를 쓸 때 가장 고민되는 것 중 하나가 바로 장점, 단점, 취미, 특기를 기술하라는 항목이지? 장점을 쓰는 것은 왠지 내 자랑 같아서 낯간지럽고, 단점은 내 얼굴에 침 뱉기 같아 어느 정도까지 써야 하는지 헷갈리잖아. 하지만 자기소개서에 꼭 써야 할 항목 중 하나가 바로 자신의 '장점, 단점, 취미, 특기' 이지.

■ 우선 장점과 단점을 쓰는 방법을 알아보자.

이 항목을 작성하기 전에 먼저 생각해야 할 것이 무엇일까? 당연히 자신의 장점은 무엇이고 단점은 무엇인지에 대한 생각을 먼저 해 봐야겠지. 그리고 장점, 단점이 형성된 과정에 대해 생각해 보자. 하지만 자기소개서에 그 과정을 자세히 쓰는 것은 좋지 않아. 장점의 경우, 장점이 형성된 과정보다는 장점을 발휘할 수 있었던 사례를 설명하는 것이 더 중요해. 장점이 형성된 과정보다 중요한 것이 바로 장점을 증명하는 것이기 때문이야. 단점의 경우도 단점이 형성된 과정보다는 단점을 극복하기 위한 노력과 보완, 발전시킬 방법에 대해 이야기하는 것이 더 중요해. 나는 완벽한 사람이 아니므로 앞으로 노력해서 완성해 가겠다는 포부가 드러나야 해. 자신의 장점과 단점이 형성된 과정은 자기소개서를 쓰기 전에 자신을 돌아보는 절차로 생각하는 것이 좋겠지?

장점·단점 소개 포인트!
• 장점 — 단순히 사실 나열만 하지 말고 사례를 들어 증명할 것!
• 단점 — 단점을 극복하기 위한 노력과 보완·발전시킬 수 있는
  방법을 소개할 것!

■ 자만하지 않고 비굴하지 않은 '자긍심'을 갖추자.

  자기소개서에서 장점을 기술할 때 중요한 점은 겸손함이야. 자신의 긍정적인 면을 지나치게 강조하고 과장하는 것은 자만으로 이어질 수 있어서 무척 위험해. 자기소개서를 쓸 때는 자신을 겸손하게 표현하는 게 더 좋은 인상을 줄 수 있어. 여기서 중요한 것은 겸손하면서도 자신의 능력과 재능을 당당하게 밝히는 거야. 자기소개서에는 자기 정체성을 드러내야 한다고 했지? 당당하게 자신의 정체성을 밝히고 긍정적인 면을 드러내는 것이 자기소개서에서 효과적으로 자신의 장점을 드러내는 방법이야. 겸손함과 당당함을 함께 드러내기가 어렵다고? 두 가지를 합친 것이 바로 자긍심 아닐까? 자만하지 않고 비굴하지 않은 '자긍심!' 자기소개서에서 장점과 단점을 쓸 때 꼭 생각해야 할 단어겠지?

자긍심은 자만과 비굴의 중용*이라고 해.
겸손하게 그러면서도 당당하게 자신을 드러내 보자.

* 중용이란? 아리스토텔레스의 덕론의 중심 개념으로 지나치거나 모자라지 아니하고 한쪽으로 치우치지도 아니한, 떳떳하면서도 변함이 없는 상태나 정도를 말해. 즉 과대와 과소가 아닌 올바른 중간을 정하는 것을 말하지.

취미, 특기에 의미와 가치 부여하기

그럼 이제 자신의 특별한 취미, 특기, 특별활동을 소개하는 방법에 대해 알아보자. 취미나 특기, 특별활동을 기술하라는 것은 단지 그 활동에 대한 소개를 하라는 것이 아니야. 그것이 자신의 생활에서 어떤 의미와 가치를 지니는지에 대한 이야기를 하라는 것이지. 예를 들어 그림을 그리는 취미가 있다고 가정해 보자. 그림 그리는 것이 스트레스를 해소해 주고, 마음이 괴로울 때 위로를 해 주는 취미라고 소개했어. 여기에서 그치면 될까? 그림 그리는 것이 단순히 스트레스 해소 차원이 아니라 미래 지향적인 더 높은 차원의 의미와 가치가 필요해.

특별한 취미나 특기를 쓰는 데서 그치지 말고 자신의 성장에 어떤 도움을 주었는지를 기술하는 것이 필요해. 취미나 특기를 소개하는 것도 바로 '나'를 소개하는 것과 연결되기 때문이지. 특별한 생각 없이 즐기는 취미 생활이라도 그것을 즐기는 이유가 무엇인지, 내가 그것을 좋아하는 이유가 무엇인지 생각해 본다면 '나'에 대해 더 깊이 있게 알 수 있을 거야. 자기소개서는 '나'를 소개하는 글임을 잊지 마!

취미 · 특기 쓰기 포인트!
• 내가 그것을 즐기고, 좋아하는 이유를 생각해 보자.
• 나의 취미와 특기가 나의 성장에 어떤 도움을 주었는지 생각해 보자.

'나'를 찾는 가이드 북 만들기

자기소개서에 장점과 단점, 취미와 특기를 폼나게 기술하기 위해 '나를 찾는 가이드 북'을 만들어 보자. 가이드 북을 만들 때 가장 먼저 해야 할 것이 무엇일까? 바로 차례를 만드는 과정이야.

차례를 만드는 데도 단계가 있어. 우선 가이드북에 넣고 싶은 내용을 모두 적어 봐. 그리고 꼭 들어가야 할 내용과 그렇지 않은 내용으로 나누어 봐. 우리가 만들 가이드 북에 꼭 들어가야 할 항목은 바로 '장점, 단점, 취미, 특기' 겠지? 부수적으로 다른 내용을 더 넣어도 좋아. 꼭 들어가야 할 항목을 정했으면 순서를 정해서 가이드 북의 차례를 작성해 보자.

이제 차례를 보면서 가이드 북에 들어갈 내용을 작성해 봐. 자신을 소개하는 글이니 다양한 경험을 예로 들어 주는 것도 좋아. 이번 가이드 북은 나의 장점, 단점, 취미, 특기를 주제로 이러한 것들을 잘 드러내 줄 수 있는 경험을 예로 들어 재미있고 풍부하면서도 깊이 있게 만들어 보자.

이 가이드 북이 자기소개서를 쓰는 데 큰 도움이 될 거야.

나를 찾는 가이드 북은 나를 객관화하는 데 큰 도움이 될 거야.
자신을 객관적으로 돌아보고 정리해 둔다면 자기 소개서의
훌륭한 초석이 될 거야.

'나'를 찾는 가이드 북 만드는 과정

1 '가이드 북'에 들어갈 내용을 생각나는 대로 모두 적어 봐.

① 크게 보자면 나의 장점, 단점, 취미, 특기가 되겠지?

② 단순히 장점, 단점, 취미, 특기라고 적지 말고 이것을 좀 더 구체화해 보자.

- 장점·단점이 형성된 과정
- 장점을 증명할 수 있는 사례
- 단점을 보완·극복할 수 있는 방법
- 지금의 취미와 특기를 가지게 된 이유
- 내 생활에서 취미·특기의 의미와 가치 등

③ 그리고 그 중 꼭 넣어야 할 항목과 그렇지 않은 항목으로 나누어 가이드 북에 들어갈 내용을 정해 보자.

2 가이드 북에 들어갈 내용을 모두 정했다면 이제 순서를 정해 보자.

① 이때 시로 관련이 있는 것끼리 묶어서 배치하는 것이 좋아.

② 이제 네가 정한 순서대로 가이드 북의 차례를 작성해 봐.

→ 차례는 책의 구성을 보여줘. 그래서 책의 내용을 예상할 수 있게 하지. 다른 사람들이 너의 가이드 북에 호기심을 가질 수 있도록 개성있는 차례를 구성해 봐.

3 차례를 작성했다면 구체적으로 내용을 생성해 봐.

① 장점을 쓸 때는 장점이 형성된 과정과 장점을 증명할 수 있는 구체적인 사례를 정리해 줘.

② 단점을 쓸 때 역시 단점이 형성된 과정을 적는 거야. 여기서 단점을 극복하기 위한 노력과 보완·발전시킬 방법을 정리하는 것도 잊지 마~

③ 참, 한 가지 더! 장점과 단점이 모순되면 안 돼! 예를 들어 장점으로 성실함을 이야기한 친구가 단점으로 덤벙대는 성격을 이야기한다면 논리적으로 모순이 되겠지?

4 마지막으로 특기와 취미를 정리해 보자.

① 특기와 취미에 대해 쓸 때는 그것을 즐기는 이유, 좋아하는 이유에 대해 자세히 정리해 줘.

② 특별한 취미나 특기를 쓰는 데서 그치지 말고 자신의 성장에 어떤 도움을 주었는지를 기술해야 해.

③ 마지막으로 취미나 특기가 자신의 생활에서 어떤 의미와 가치를 지니는지에 대한 정리로 마무리하면 되겠지?

'나'를 찾는 가이드 북 만들기 : 예시 :

차례

1 나를 표현하기 : '나'는 누구인가?

  (1) 비유적 표현으로 소개하기

  (2) 별명으로 소개하기

2 나의 장점 소개하기 : 책임감의 왕 '윤지수'

  (1) 장점이 형성된 과정

  (2) 장점을 증명할 수 있는 사례

3 나의 단점 소개하기 : 빨라, 빨라 너무 빨라

  (1) 단점이 형성된 과정

  (2) 단점을 극복·보완할 수 있는 방법

4 나의 취미 소개하기 : 내 삶의 이유 '여행'

  (1) 여행을 좋아하는 이유

  (2) 내 생활에서 여행의 의미와 가치

5 나의 특기 소개하기 : English spea 'KING'

  (1) 영어를 잘하게 된 이유

  (2) 내 생활에서 영어의 의미와 가치

비유적 표현으로 소개하기

나의 특성을 가장 잘 드러낼 수 있는 말을 생각해 봤다. 여러 가지가 생각이 났는데 그 중 나를 가장 잘 드러낼 수 있는 말로 나의 성격을 소개해 보려고 한다.

나는 '주가지수'다. 나를 '주가지수'로 표현한 이유는 내 이름이 '지수'인데, 오르락내리락 하는 주가지수처럼 하루에도 몇 번씩 기분이 좋았다, 나빴다 수시로 변하기 때문이다. 사춘기에 접어들면서 사소한 일에도 기분이 좋았다가 또 사소한 일에 기분이 나빠지고 오르락내리락한다. 그래서 요즘 내 기분의 주가지수 폭이 완만해지도록 노력하고 있다.

나는 '점심시간'이다. 아이들이 학교에서 가장 기다리는 시간이 바로 점심시간이다. 나는 아이들에게 점심시간과 같은 존재가 되고 싶다. 만족감, 즐거움, 편안함 등 휴식을 주는 친구, 그런 친구가 바로 '나'라고 생각하기 때문에 나를 점심시간에 비유하고 싶다.

별명으로 소개하기

나의 별명은 '스프링'이다. 친구들은 내가 어디로 튈지 감을 못잡겠다며 이런 별명을 붙여주었다. 가끔 내 엉뚱함 때문에 많이 웃기도 하지만 어떨 때는 황당해 하기도 한다. 내가 나를 주가지수로 소개한 것과 비슷한 이유로 붙여준 별명인 것 같다. 즐거운 곳으로 튀는 스프링이 되어 친구들에게 웃음을 주고 싶다.

2 나의 장점 소개하기
책임감의 왕 '윤지수'

장점이 형성된 과정

어려서부터 어머니께서는 나에게 스스로 학교 준비물, 숙제 등을 책임지도록 교육하셨다. 그리고 해야 할 일을 미루거나 하지 않으면 엄격하게 지도해 주셨다. 그래서 지금도 내가 해야 할 일은 무슨 일이 있어도 완벽하게 준비해 놓는 좋은 습관을 갖게 되었고 책임감도 강하다.

장점을 증명할 수 있는 사례

사례1 중학교 2학년 때 학급 임원으로 교내 체육대회 때 반 대항 응원전을 준비한 적이 있다. 우리 반은 대회 종목에서 모두 예선 탈락했기 때문에 응원에 사활을 걸어야 했다. 학급 임원이었던 나는 응원전을 성공적으로 이끌어야겠다는 책임감에 어깨가 무거웠다. 개성 있는 응원을 하기 위해 인터넷으로 자료 수집을 하고 다른 임원들과 밤을 새워 응원도구를 만들었다. 체육대회 당일 날 일찍 등교해 우리 반이 앉을 자리에 '3반 제일 잘나가!' 라는 카드섹션을 준비해 두었다.

또 아이들이 응원할 때 목마르지 않도록 급식실에서 주전자를 빌려 물과 컵을 준비해 아이들에게 박수를 받았다. 결국 개성 있는 응원과 완벽한 준비로 우리 반은 응원상을 탔다. 하지만 응원상보다 더 중요한 것은 최선을 다해 맡은 책임을 다했을 때의 기쁨이다. 이 외에도 나는 내게 주어진 일을 끝까지 완수하기 위해 항상 노력하였다. 자신의 일에 최선을 다 하는 모습이 진정 자신을 가꾸는 길이며 행복을 위한 길이라고 생각한다.

사례 2
초등학교 6학년 때 할아버지께서 많이 편찮으셔서 어머니께서 시골에 내려가신 적이 있다. 설상가상으로 아버지께서는 회사 일이 바쁘셔서 항상 야근을 하셨다. 졸지에 내가 동생들을 책임져야 하는 상황이 되었다. 이웃에 사는 아주머니께서 우리가 먹을 음식은 챙겨 주셨지만 나와 초등학교 3학년인 동생의 학교 준비물, 숙제, 등교 준비 등은 내가 알아서 해야 했다. 어머니께서는 할아버지 댁에 가시면서 나에게 동생 좀 잘 돌봐주라고 하시며 나를 믿는다고 말씀하셨다. 나를 믿는다는 어머니의 말씀에 뿌듯하면서도 한편으로는 책임감이 느껴졌다. 학교에서 나보다 먼저 끝나는 동생에게 학교에 갔다가 돌아오면 꼭 숙제를 먼저 해 놓으라고 이야기를 했고, 집에 돌아오자마자 동생의 숙제를 검사했다. 그리고 동생에게 간식을 챙겨 주고, 함께 공부를 하고 등교 준비를 했다. 또 씻기 싫어하는 동생을 욕실로 데리고 들어가 재미있는 물놀이를 하는 것처럼 만들어 깨끗하게 씻겨 주었다. 자기 전에는 꼭 일기를 쓰고 잘 수 있도록 했고, 언니인 내가 모범을 보여야 된다고 생각해 쓰기 싫은 일기이지만 나도 꼬박꼬박 썼다. 어머니께서 돌아오시는 날에는 동생과 함께 집안 청소를 했다. 서툰 솜씨였지만 어머니께서 기뻐하실 모습을 생각하니 힘이 났다. 어머니께서는 집에 오셔서 우리의 모습을 보고 대견해 하시며 눈물을 보이셨다. 나의 책임감에 놀랐다며 칭찬을 아끼지 않으셨다. 비록 이틀이라는 짧은 기간이지만 나는 언니 역할을 충실하게 해냈다. 책임을 다했을 때 느껴지는 보람은 그 어떤 것과도 바꿀 수 없을 것이다.

나의 단점 소개하기
빨라, 빨라 너무 빨라

단점이 형성된 과정

　나의 단점은 나의 장점인 책임감과 연관되어 있다. 책임감이 강한 나는 어떤 일이 주어지면 빨리 그 일을 해결해 내 책임을 다하고 싶어 한다. 그러다 보니 자연스럽게 급한 성격이 형성되었다. 뭐든지 빨리 하려고 하는 급한 성격 탓에 내 마음대로 안 되면 자주 화를 내기도 한다. 주가지수, 스프링이라는 별명도 이 때문에 생긴 게 아닐까?

단점을 극복하기 위한 노력

　나의 급한 성격과 뜻대로 되지 않았을 때 참지 못하는 성격을 아신 아버지께서는 어느 날 마라톤을 함께 하자고 제안하신 적이 있다. 재미있을 것 같고, 완주했을 때 기쁨도 느끼고 싶어 아버지의 제안에 따라 함께 마라톤을 했다. 역시 나는 나에게 주어진 길을 빨리 뛰어 가고 싶어 출발과 동시에 빠르게 쭉 달려 나갔다. 아버지께서는 그렇게 뛰다가는 얼마 가지 못해 지칠 것이라며 나를 말렸지만 빨리 완주를 해야겠다고 마음먹은 나는 아버지의 충고를 듣지 않고 계속해서 달렸다. 얼마 안 가 나는 지쳐서 자리에 주저앉았고, 5분 뒤쯤 아버지께서 내가 쓰러져 있는 곳에 도착하셨다. 아버지께서는 나를 일으키시면서 '그만 할까?' 라고 말씀하셨고, 나는 그럴 수 없다고 대답했다. 그러자 아버지께서 그럼 먼저 뛰지 말고 아빠

랑 천천히 같이 뛰자고 하시면서 빨리 뛰는 것은 중요하지 않다고 하셨다. 마라톤에서는 천천히 뛰더라도 끝까지 완주하는 것이 더 의미 있는 일이라는 아버지의 말씀에 힘을 얻어 나는 아버지의 어깨에 기대어 천천히 주어진 코스를 모두 뛰었다. 물론 아버지와 내가 가장 늦게 골인점에 들어왔지만 아버지의 말씀대로 그것은 중요하지 않았다. 빠른 것만이 중요하지 않다는 것을 깨달을 수 있는 아주 좋은 경험이었다.

그 이후 급한 성격을 고치기로 마음먹고 '인문고전' 책을 읽어보기로 결심했다. 내 성격처럼 빨리 읽을 수 없는 책이니 천천히 생각하면서 읽어보라고 어머니께서 선물해 주신 '논어'부터 읽기 시작했다. 논어는 도저히 빨리 읽고 덮을 수 있는 책이 아니었다. 무슨 이야기인지 이해가지 않는 부분이 훨씬 더 많았다. 빨리 읽고 싶은데 마음대로 안 돼 화가 나기도 하고 포기하고 싶은 생각도 들었다. 그럴 때마다 '천천히 깊이 생각하며 읽어보자'라고 생각하며 꾸준히 읽고 있다. 아직 다 이해하지는 못하지만 중간 중간 마음을 사로잡는 구절도 있어 즐거운 마음으로 읽고 있다. 물론 아직 내 급한 성격을 다 고친 것은 아니지만 인문고전을 비롯한 다양한 책을 많이 읽으며 차분하게 생각하고 행동하는 습관을 기르려고 노력 중이다.

단점을 보완·발전시킬 수 있는 방법

급한 성격이 단점이 될 수도 있지만 조금만 나를 다스리고 침착함을 기른다면 추진력 있는 사람이 될 수도 있다. 인문고전 독서로 성인들의 침착함과 사고력, 창의력을 배워 나의 급한 성격이 추진력이 될 수 있도록 노력할 것이다.

4 나의 취미 소개하기
내 삶의 이유 '여행'

여행을 좋아하는 이유

학생이기 때문에 여행을 많이 다니지는 못하지만 틈나는 대로 여행을 다니고 있다. 여행이라고 해서 거창한 것은 아니다. 서울시내 호텔에 가 보는 것도 나에게는 여행이다. 여행하는 사람들에게 편안한 휴식 공간 호텔! 호텔리어가 꿈인 나에게 호텔을 돌아보는 일은 매우 즐거운 일이다. 물론 돈이 없는 학생이어서 호텔에 들어가 보지는 못하지만 호텔의 외관을 둘러보면서 내부를 상상하는 일도 아주 재미있다. 그래서 나는 틈나는 대로 우리나라에 있는 유명한 호텔에 가 보는 취미가 생겼다. 언젠가 세계 1위 호텔인 파리의 'Fourseasons George V Paris Hotel'에도 꼭 가고 싶다.

내 생활에서 여행의 의미와 가치

내 꿈은 호텔리어다. 다양한 호텔을 많이 가 보는 것이 나에게는 매우 중요하다. 여행은 나에게 취미이자 꿈이기도 하다. 여행을 통해 만나는 많은 호텔들은 나의 꿈을 이루게 하는 원동력이 되어 준다. 좋은 호텔이 있으면 그곳에 꼭 들어가 배울 점이 무엇인지 찾아보고 싶고, 시설이 좋지 않은 곳이 있으면 어떻게 하면 좋은 호텔로 거듭날 수 있을까 생각하게 된다. 가끔 학업문제로 스트레스를 받을 때 호텔을 둘러보는 작은 여행을 한다. 그러면 다시 힘이 솟는다. 여행은 내 삶의 활력소이자 내 꿈에 한 발짝 더 다가가게 하는 원동력이다.

5 나의 특기 소개하기
English spea 'KING'

영어를 잘하게 된 이유

　어려서부터 영어를 좋아했다. 우리나라 말이 아닌 다른 나라의 말을 배운다는 것부터가 나를 들뜨게 했다. 또한 영어를 잘 하는 사람들을 보면 부럽고 샘이 나기도 했다. 그래서인지 잘 읽지도 못하면서 동화책도 꼭 영어로 된 것을 사서 읽었다. 또, 항상 영어 방송을 보고, 영화를 볼 때도 자막 없이 보려고 노력했다. 그런 습관이 바탕이 되어서인지 지금은 외국인들을 만나도 전혀 두렵지 않을 정도의 실력을 갖추게 되었다. 그래서 나는 나를 당당하게 English spea 'KING' 이라고 소개할 수 있다.

내 생활에서 영어의 의미와 가치

　나에게 영어는 제2의 모국어라고 해도 될 만큼 나의 생활에 꼭 필요한 언어이다. 물론 나는 우리 말과 한글을 사랑하고 자랑스럽게 생각한다. 세계적인 호텔리어라는 꿈을 이루기 위해서는 그만큼 영어가 중요하다는 뜻이다. 세계적인 호텔리어가 되려면 세계 각국의 많은 사람들을 만나야 한다. 그때 꼭 필요한 언어가 영어이다. 따라서 영어를 자연스럽고, 아름답게 구사하고 영어로 농담도 할 수 있을 정도의 실력을 갖추고 싶다. 세계 각국의 유명한 호텔들을 누비는 호텔리어가 되어 세계 여러 나라에서 배운 것을 바탕으로 우리나라의 호텔을 세계 1위 호텔로 만들 것이다. 내 꿈을 위해 앞으로 영어뿐 아니라 중국어, 일본어, 프랑스어까지 많은 나라의 언어를 배우고 싶다.

「나」를 찾는 가이드 북 만들기 : 실전 :

차례

1 나를 표현하기 : _____

   (1) 비유적 표현으로 소개하기

   (2) 별명으로 소개하기

2 나의 장점 소개하기 : _____

   (1) 장점이 형성된 과정

   (2) 장점을 증명할 수 있는 사례

3 나의 단점 소개하기 : _____

   (1) 단점이 형성된 과정

   (2) 단점을 극복·보완할 수 있는 방법

4 나의 취미 소개하기 : _____

   (1) (   )을/를 좋아하는 이유

   (2) 내 생활에서 (   )의 의미와 가치

5 나의 특기 소개하기 : _____

   (1) (   )을/를 잘하게 된 이유

   (2) 내 생활에서 (   )의 의미와 가치

1 나를 표현하기

_____

1 비유적 표현으로 소개하기

나는 _____ (이)다.

_____

_____

_____

_____

2 별명으로 소개하기

나의 별명은 _____ (이)다.

_____

_____

_____

_____

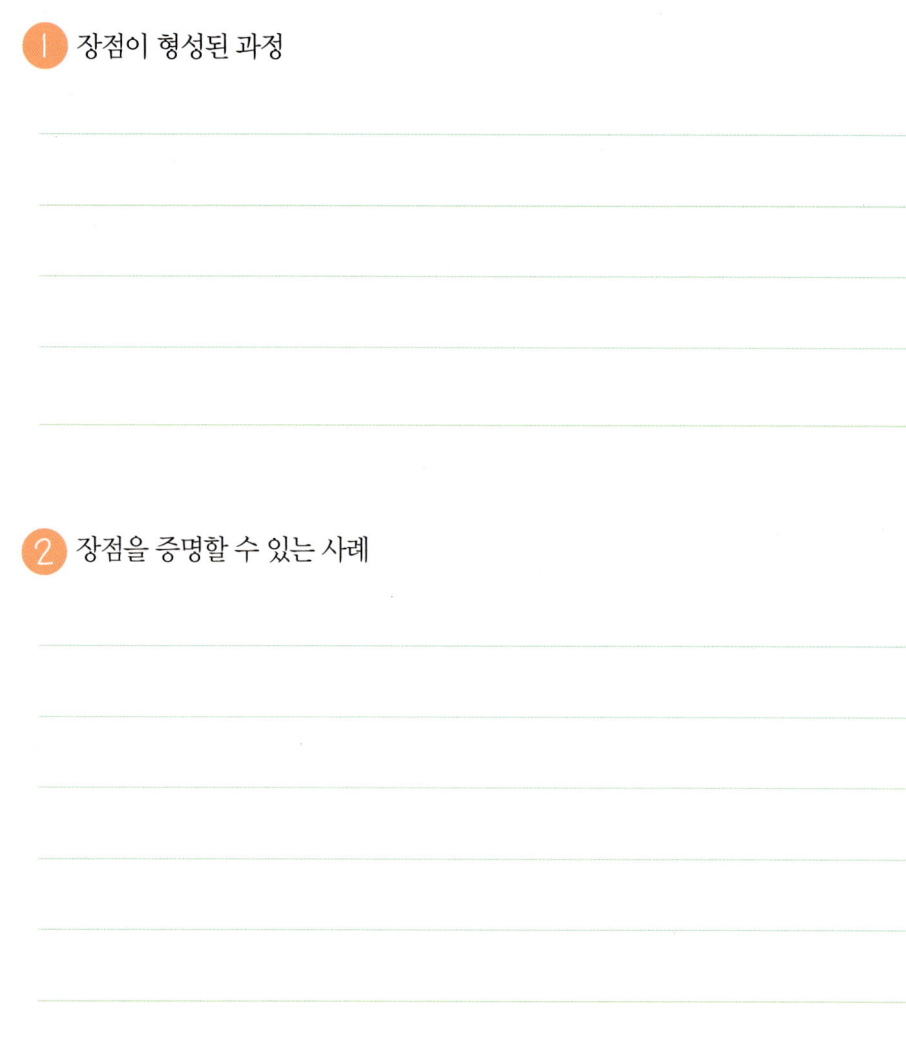

2 나의 장점 소개하기

1 장점이 형성된 과정

2 장점을 증명할 수 있는 사례

3 나의 단점 소개하기

1 단점이 형성된 과정

2 단점을 극복하기 위한 노력

3 단점을 보완·발전시킬 수 있는 방법

4 나의 취미 소개하기

1 (   )을/를 좋아하는 이유

_____

_____

_____

_____

_____

2 내 생활에서 (   )의 의미와 가치

_____

_____

_____

_____

_____

_____

_____

_____

5 나의 특기 소개하기

1 ( )을/를 좋아하는 이유

---

2 내 생활에서 ( )의 의미와 가치

---

4 : '나'를 표현하기 :
나만의 명함 만들기

자아 존중감, 독립성 찾기

랄프 왈도 에머슨은 '위인은 군중 속에서도 즐거운 마음으로 고독의 자주성을 유지할 수 있는 사람이다.' 라는 말을 했어. 이 말은 무슨 의미일까? 에머슨은 매 순간 새롭고 낯선 삶에서도 자신을 믿고, 자기 성찰을 통해 앞으로 나아갈 수 있는 지혜가 위인을 만든다는 이야기를 하고 싶었던 거야. 그리고 에머슨은 '모든 해답은 내 안에 있다' 며 '참된 나로 존재하기 위해서는 내 안의 목소리에 귀를 기울여야 한다.' 고 강조했어. 아마도 그 옛날 에머슨은 충분한 자기 성찰로 얻게 되는 자아 존중감과 독립성에 대해 이야기하고 싶었던 것 같아.

우리는 지금까지 자기 자신에 대해 충분히 생각하는 시간을 가졌어. 그러니 이제 '나' 에 대해 생각한 모든 것들을 효과적으로 표현할 수 있는 방법을 생각해 보자. 생각했던 것을 글로 표현해 문서화한다면 생각보다 자신이 더 근사해 보이고 자신에 대한 자긍심도 더 커질 거야.

모든 해답은 내 안에 있다.
멋진 말이지? 내 안의 나에게 기울 기울여 본다면 그동안 몰랐던 '나'에 대해 발견할 수 있을 거야.
참, 발견에서 그치면 안 돼!
자기 성찰을 통해 얻은 것을 글로 표현해 봐야겠지? 이 과정을 통해 자아 존중감과 독립성을 키워 보렴.

나, 이런 사람이야!

　자기 존중감과 독립성을 잘 나타낼 수 있는 방법 가운데 하나가 바로 '명함 만들기' 야. 명함을 만들어 보면 나의 존재에 대해 자긍심을 갖게 될 거야. 명함이라는 것 자체가 '나는 이런 사람이다!' 라는 자부심을 작은 틀 안에 넣는 것이잖아. 누군가의 배경으로 존재하는 '나' 가 아니라 나를 위해 존재하는 '나' 에 대한 명함을 만들다 보면 당연히 자기 자신에 대한 자부심과 자아 존중감, 독립성까지 형성되겠지? 그래서 많은 사람들은 처음 만난 사람들에게 자기 자신을 소개하기 위해 '명함' 을 주고받지.

　명함은 이름뿐 아니라 하는 일, 경력 등을 한눈에 알 수 있게 하는 자기소개 방법 중 하나야. 요즘은 자기 PR시대이니 만큼 자신의 특성에 맞는 개성 있는 명함을 만들어. 지금까지 '나' 에 대해 다양한 각도로 생각해 봤지? 그 내용들 중 자기 자신을 가장 잘 드러낼 수 있는 내용을 선택해 봐. 그리고 작은 종이 한 장에 들어갈 수 있도록 효과적으로 나를 표현할 수 있는 방법을 생각해 봐야겠지? 이를 바탕으로 사람들에게 '나' 를 알릴 수 있고 스스로 자신에 대한 자부심을 드러낼 수 있는 멋진 명함을 만들어 보자.

'명함'이란 무엇인가?
나는 명함을 '작은 나'라고 생각해.
그만큼 '나'를 잘 보여주는 것이 바로 명함이지!
명함 만들기를 통해 나의 존재에 대해 자긍심을 길러 보자.

나만의 명함 만들기 과정

1 지금까지 생각한 '나'에 대해 모두 정리해 보자.

① 나의 뇌구조에서 가장 많은 부분을 차지한 것

② 나만의 라이프스타일 맵에서 가장 중요하다고 생각하는 것

③ 나의 장점, 단점, 취미, 특기

④ 비유적 표현, 나의 별명 등

2 위의 내용 중 명함에 꼭 들어가야 할 내용을 골라 보자.

① 비슷한 것은 묶어서 정리할 수 있겠지?

② 명함에 넣고 싶은 내용이 많다면 함축적으로 줄여서 표현할 수 있는 방법을 생각해 봐.

3 명함에 들어갈 내용을 골랐다면 이제 앞면에 넣을 내용과 뒷면에 넣을 내용으로
분류해 보자.

① 앞면에는 함축적으로 자신을 나타낼 수 있는 개성 있는 표현을 넣는 것이 좋아.

② 뒷면에는 앞면보다는 좀 더 구체적으로 자신을 소개하는 내용을 넣어야겠지.

4 명함에 들어갈 내용을 정리했으면 이제 디자인을 해 보자.

① 명함에 들어갈 내용 중 특히 강조하고 싶은 내용을 찾아봐.

② 위의 내용과 관련해 자신의 특징을 잘 드러낼 수 있는 디자인을 구상해 보자.

③ 명함은 자신을 나타내는 또 다른 얼굴이라는 생각으로 개성 넘치는 멋진 명함
을 만들어 보자.

한눈에 보는 **'나만의 명함 만들기' 과정**

1. '나'에 대해 정리하기
2. 정리한 내용을 비슷한 것끼리 묶기
3. 앞면과 뒷면으로 나누기
4. 나만의 개성을 나타낼 수 있는 디자인 구상하기

나만의 명함 만들기 : 예시 :

'나'에 대해 정리하기

1 '뇌구조'로 본 '나'

나는 영어 공부에 관심이 많고 가족, 친구를 소중하게 생각하는 따뜻한 마음을 가진 사춘기 여학생이다. 물론 내 또래 다른 친구들처럼 다이어트나 깨끗한 피부 등 외모에도 관심이 많다. 평범한 사춘기 여학생이면서 '호텔리어'라는 확실한 나만의 꿈을 가지고 있는 당찬 여학생이다.

2 '라이프스타일 맵'으로 본 '나'

호텔리어가 되기 위해 영어 공부에 시간을 많이 투자하고 있고, 하루의 시작을 남보다 30분 일찍, 끝은 남보다 30분 늦게 하려고 노력하는 부지런한 학생이다. 또 하루 일과를 돌아보며 스스로 반성하는 시간을 가지려고 노력한다. 이런 끊임없는 자아 성찰은 나를 발전하게 하는 원동력이 된다.

3 '가이드 북'으로 본 '나'

장점 | 나는 맡은 일은 어떤 일이 있어도 끝까지 해 내는 책임감의 왕이다. 맡은 일을 남들보다 빨리 해 내고 싶은 마음에 성격이 조금 급하긴 하지만 이 점은 꾸준한 인문고전 독서로 나를 다스리는 방법을 배워 고치려고 노력 중이다.

단점 | 나는 여행을 좋아한다. 여행지에 있는 호텔이 나의 관심을 끌기 때문이다. 호텔리어가 되기 위해 영어 공부를 열심히 한 결과 지금은 외국인들과 자연스럽게 대화할 수 있는 실력을 갖추게 되었다. 앞으로 더 많은 나라의 언어를 구사할 수 있도록 노력할 것이다.

명함에 들어갈 내용 골라보기

1 명함에 꼭 넣고 싶은 내용

① 영어에 관심이 많고 잘한다는 점

② 여행을 좋아하는 자유로운 영혼이라는 점

③ 끊임없이 자아 성찰을 하고, 책임감이 강하다는 점

④ 호텔리어가 될 것이라는 점

⑤ 가족과 친구들을 소중하게 생각하는 따뜻한 마음을 가진 소녀라는 점

⑥ 단점을 고치기 위해 꾸준히 인문고전 독서를 하고 있다는 점

2 비슷한 내용으로 분류해 보기

① 영어에 관심이 많고, 영어를 잘한다는 것은 내 꿈인 호텔리어와 관련이 있는
것이기 때문에 연결할 수 있어. 또 여행을 좋아하는 것도 연결할 수 있겠다.

② 끊임없이 자아 성찰을 하는 것은 나를 돌아보고 잘못된 부분을 고치려는 것
이니 책임감과 연결할 수 있지 않을까? 또 읽기 어려운 인문고전 독서를 하
는 것은 자아 성찰, 책임감과 연결할 수 있겠어.

③ 가족과 친구들을 소중하게 생각하는 따뜻한 마음을 가졌다는 것은 이름 앞
에 수식하는 말로 넣어야겠어.

앞면에 들어갈 내용과 뒷면에 들어갈 내용 분류하기

1 앞면에 들어갈 내용

- 가장 강조하고 싶은 것이 바로 호텔리어가 될 것이라는 나의 꿈이니 그 점을 앞면에 넣어야겠어. 특히 세계적인 호텔리어가 될 것이라는 점을 강조해야겠어.
- 따뜻한 마음을 가졌다는 것을 강조하기 위해 이 점도 앞면에 넣어야겠어.

2 뒷면에 들어갈 내용

- 구체적으로 나의 장점을 소개해야지.
- 영어를 잘한다는 점, 책임감이 강하다는 점, 꾸준히 독서를 하고 있다는 점을 넣어야지.
- 단순히 나열하지 말고 나의 장점이 부각되도록 할 수 있는 방법은 없을까? 나의 특기를 소개할 때 썼던 'KING'을 이용해서 한눈에 들어올 수 있도록 소개해야겠어.

명함 디자인 구상하기

1 앞면

- 가족과 친구를 사랑하듯 고객을 사랑하는 따뜻한 마음을 가진 호텔리어가 될 것이라는 점을 강조할 수 있는 호텔 그림을 찾아보자.
- 세계적인 호텔리어가 될 것이라는 점을 강조할 수 있는 그림을 찾고 명함 디자인을 호텔 모양으로 만들어 보자.

2 뒷면

- KING에 어울리는 왕관 그림을 찾아 마인드맵 형식으로 나를 소개해야겠어. 나의 장점이 한눈에 들어올 수 있을 거야.

나만의 명함 만들기

앞면

뒷면

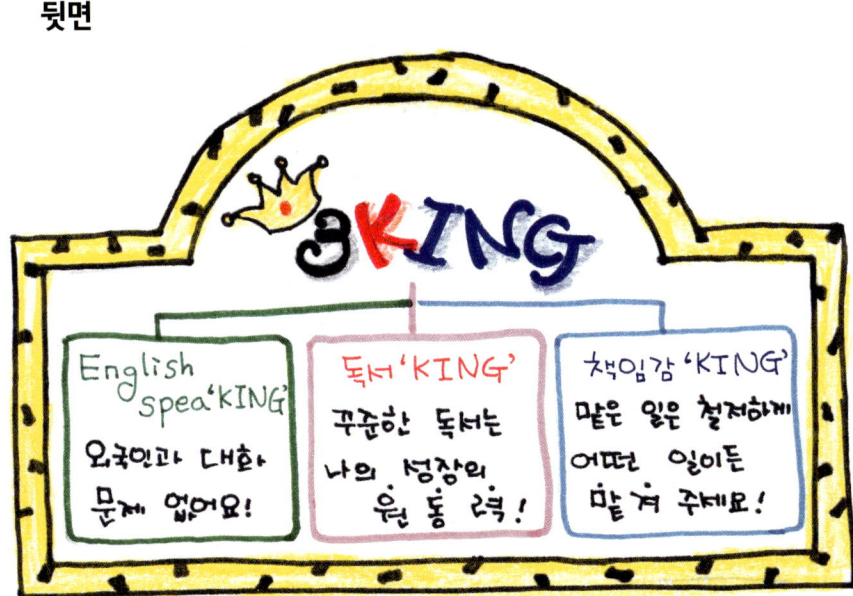

나만의 명함 만들기 : 실전 :

'나'에 대해 정리하기

1 '뇌구조'로 본 '나'

2 '라이프스타일 맵'으로 본 '나'

3 '가이드 북'으로 본 '나'

명함에 들어갈 내용 골라보기

1 명함에 꼭 넣고 싶은 내용

_____

_____

_____

_____

_____

_____

2 비슷한 내용으로 분류해 보기

_____

_____

_____

_____

_____

_____

_____

앞면에 들어갈 내용과 뒷면에 들어갈 내용 분류하기

1 앞면에 들어갈 내용

_____

_____

_____

2 뒷면에 들어갈 내용

_____

_____

_____

명함 디자인 구상하기

1 앞면

_____

_____

_____

2 뒷면

_____

_____

_____

나만의 명함 만들기

1 앞면

2 뒷면

둘째
마당

목적에 따른
자기소개서 쓰기

친교를 위한 자기소개서 쓰기

설렘과 기대감 VS 긴장감

새 학기, 새로운 곳, 새로운 모임 등 새로움은 항상 설렘과 기대감을 줘. '어떤 사람을 만날까? 무슨 일이 생길까?' 등 설레는 질문으로 가득하게 해 주는 것이 바로 '새로움' 아닐까? 하지만 새로움이 항상 좋은 것만은 아니야. 설렘과 기대감뿐만 아니라 새로움이 주는 긴장감 때문에 '새로움'이 두렵다는 사람들도 많아. 새로움이 주는 긴장감은 어디에서 오는 것일까? '나'를 모르는 사람들에게 자기 자신을 드러내고 소개해야 한다는 부담감에서 오는 것이 아닐까?

'나'를 모르는 사람에게 '나'를 소개해야하는 '부담감'을 어떻게 극복할 수 있을까?

다양하고 개성 있는 표현으로 자신을 소개해 보자.

많은 사람들은 첫 인상으로 많은 부분을 평가해. 따라서 처음 만난 사람들 앞에서 자신을 인상 깊게 소개하는 것은 매우 중요하지. 천편일률적인 자기소개는 강한 인상을 줄 수가 없겠지? 다양하고 개성 있는 표현으로 자신을 소개하는 방법을 생각해 보자. 친교를 위한 자기소개는 특정한 양식이 없으므로 자신의 특징을 잘 드러낼 수 있는 개성 있는 방법을 찾는 것이 좋아.

천편일률적 자기 소개는 가라!
자신의 특징을 잘 드러낼 수 있는 개성 있는 자기 소개 방법을 찾아보자.

비유와 인용으로 자기소개하기

자, 그럼 지금부터 개성 있게 자신을 소개하는 방법에 대해 알아보자. 일단 이 책에서는 '비유적 방법' 으로 자기를 소개하는 방법과 '인용의 방법' 으로 자신을 소개하는 방법에 대해 알아볼 거야. 비유적 방법으로 자신을 소개하려면 자신의 특징을 무엇에 빗대어 표현할 수 있을지 생각해 봐. 자신의 특징을 잘 나타낼 수 있는 것을 선택한다면 인상적이고 개성 넘치는 자기소개를 할 수 있을 거야. 인용의 방법은 자신을 잘 나타낼 수 있는 명언이나 속담 등을 활용해 소개하는 거야. 이때 명언이나 속담이 자기 자신의 특징과 자연스럽게 연결되도록 소개를 하면 좋겠지? 꼭 명언이나 속담이 아니더라도 자신의 좌우명이 있다면 그것을 활용해도 개성 있는 자기소개가 될 수 있어.

자신의 특징을 잘 나타낼 수 있는 보조관념이나 속담, 명언, 좌우명 등을 활용한다면 개성 있게 자기 소개를 할 수 있어.

• **비유란?**
어떤 형상이나 사물을 직접 설명하지 아니하고 다른 비슷한 현상이나 사물에 빗대어서 설명하는 일

• **인용이란?**
남의 말이나 글을 자신의 말이나 글 속에 끌어 씀

친교를 위한 자기소개서 쓰기 (1)
비유적 표현으로 소개하기 : 예시 :

과일에 비유하기

'여름' 하면 떠오르는 과일이 뭘까요? 대부분의 사람들이 '수박'을 떠올릴 거예요. 여름의 대표적 과일인 '수박'은 저와 닮은 점이 많습니다.

우선, 더운 여름에 시원하게 갈증을 해소시켜 주는 수박처럼 저는 시원시원한 성격을 가졌다는 이야기를 많이 들어요. 다른 사람들이 복잡하다고 생각하는 일도 제특유의 시원시원함으로 금방 해결책을 내 놓기도 하죠. 어떤 일을 할 때든 적극적이고 빠르게 일을 추진하는 추진력도 시원시원한 제 성격 중 한 부분이죠. 이런 점을 좋은 리더십으로 봐 주는 친구들 덕분에 학급 임원 자리를 놓친 적이 없답니다.

두 번째로 수박과 제가 닮은 점은 겉과 속이 다르다는 점이에요. 수박은 겉과 속이 다른 과일 중 하나이죠. 겉은 시원한 초록색이지만 그 속은 열정이 넘치는 붉은 색이잖아요. 저도 마찬가지예요. 겉으로 보기에는 시원시원한 성격에 어떻게 보면 냉정해 보이기도 하지만 제 마음 속은 수박의 빨간 속처럼 감정도 풍부하고, 정이 넘치는 십대 소녀랍니다. 시원시원한 겉모습과는 달리 친구들과의 정을 중요하게 생각하고 불쌍한 사람을 보면 그냥 지나치지 못하는 따뜻함이 숨겨져 있어요.

한 여름 수박 같이 시원시원하고 정이 넘치는 따뜻한 소녀가 바로 저랍니다.

② 색깔에 비유하기

저는 세 가지 색을 가진 아이예요. 노랑, 빨강, 초록이 바로 저를 나타내는 색깔이지요.

저의 과거는 '노랑'으로 표현할 수 있어요. 저는 항상 순수하고 아이답다는 얘기를 많이 들었거든요. 무엇이든지 긍정적이고 아름답게 바라보려는 저의 모습이 순수하게 보였나봐요. 저의 순수함은 보는 사람까지도 순수하게 만드는 노란색과 많이 닮았지요? 하지만 점점 그런 순수함을 잃어가는 것 같아서 아쉽기도 하답니다. 예전처럼 모든 것을 긍정적이고 아름답게 보려고 노력하는 중이에요.

저의 현재는 '빨강'으로 표현할 수 있어요. 저는 음악을 좋아해요. 음악을 좋아하는 학생들은 아마 많이 있을 거예요. 하지만 저는 음악을 듣는 것에서 그치지 않고 식섭 만들어 보기도 하지요. 좋아하는 일이 있다면 그것에 끝까지 파고드는 열정! 그게 바로 빨강과 제가 닮은 점이라고 할 수 있어요.

저의 미래는 '초록'으로 표현할 수 있어요. '초록' 하면 가장 먼저 떠오르는 것이 바로 새싹일 거예요. 새싹 중에서도 봄철 막 세상에 얼굴을 내민 그런 새싹이 떠오를 거예요. 새싹은 큰 열매를 맺기 위해 꼭 필요한 것이지요. 또 무한한 가능성을 가진 존재이기도 하지요. 저의 미래는 새싹과 같이 무한한 가능성을 가지고 있답니다. 외교관이 되어 전 세계에 멋진 가지를 뻗을 새싹이 바로 '나'라고 할 수 있어요.

③ 동물에 비유하기

　여러분은 '고래' 하면 어떤 단어가 떠오르세요? 흔히 '고래' 하면 신비함, 비밀, 꿈 등의 단어를 떠올립니다. 고래는 포유류인데도 바다에 살고 있다는 것부터 신비로움을 줍니다. 그리고 고래는 생각보다 알려진 것이 많지 않아서 비밀스러운 느낌을 주기도 합니다.

　저는 겉모습은 넓은 바다에 숨어 다니는 고래 같이 수줍음 많고, 소심한 학생처럼 보일 것입니다. 하지만 자신의 동료를 만나면 큰 소리로 노래를 부르며 반기는 활발한 고래처럼 조금만 가까워지면 다양한 매력으로 친구들을 사로잡는 활발한 성격입니다. 알면 알수록 더 많은 매력을 보여 줄 수 있는 신비로운 고래 같은 존재가 바로 '저' 입니다.

　또한 고래는 옛 사람들에게는 꿈과 희망의 상징이었습니다. 그래서 선사시대부터 동굴이나 암벽에 고래를 조각하기도 했습니다. 고래를 잡는 것은 힘겨운 일이었으나 옛 사람들에게는 그만큼 절실한 꿈이었던 것입니다. 저는 제 안에 큰 고래를 품고 살아갑니다. 세상의 어두운 곳에서 힘겹게 살아가는 사람들에게 도움을 주는 사람이 되고 싶습니다. 그 꿈을 이루는 일이 쉽지 않겠지만 옛 사람들이 암벽에 고래를 새기던 간절함으로 꿈을 이루기 위해 노력할 것입니다. 오랜 옛날부터 많은 사람들에게 희망의 상징이었던 '고래' 처럼 저도 누군가의 도움이 절실한 사람들에게 희망의 고래가 되어주고 싶습니다.

④ 별명으로 소개하기

누구에게나 별명이 하나쯤은 있을 거예요. 별명은 그 사람의 특징을 함축적으로 보여주지요. 제 별명은 스프링이에요. '스프링' 하면 통통 튀는 느낌이 들지 않나요? 저는 다른 사람들과 똑같이 생각하고 똑같이 행동하는 것을 별로 좋아하지 않아요. 그래서 항상 한 번 더 생각하고, 남과 다르게 생각하려고 노력한답니다. 그런 내 모습이 조금은 엉뚱해 보였는지 친구들은 저에게 어디로 튈지 모르는 스프링이라는 별명을 지어주었어요. 스프링에는 친구들이 모르는 다른 의미가 숨어 있어요. 스프링에 봄이라는 뜻도 있다는 건 다 아시죠? 영어로 스프링, 즉 봄은 돌 틈에서 퐁퐁 솟는 옹달샘이나 겨울잠에서 갓 깨어난 개구리가 스프링처럼 튀어나오는 데서 유래됐다고 하네요. 새로움이 피어나는 봄! 톡톡 튀어 오르는 용수철! 즉 스프링은 저의 가장 큰 장점인 창의력과 어울리는 별명이지요.

스프링은 높이 튀어 오르기 위해 제 몸을 한껏 움츠리지요. 그 과정이 없다면 스프링은 높이 튀어 오르지 못할 거예요. 저도 세상을 향해 높이 튀어 오르는 스프링이 되기 위해 매사에 겸손하게 배우는 자세로 임해요. 앞으로도 풍부한 경험과 다양한 인간관계를 통해 더 많은 것을 배우고 싶어요. 서로 모르는 것이나 부족한 부분은 알려주고 채워주는 그런 친구를 만나고 싶답니다.

비유적 표현으로 소개하기 : 실전 :

비유로 자신을 소개하는 방법

1 나는 나를 (   )에 비유하고 싶어.

_____

_____

2 그 이유는?

_____

_____

3 (   )와/과 나의 공통점은?

(1)

_____

_____

(2)

_____

_____

(3)

_____

_____

(　　　　　)에 비유해 소개하기

인용의 방법으로 소개하기 : 예시 :

명언 인용하기

플라톤은 '자유인은 자신의 꿈을 이뤄가는 사람이고 노예는 남의 꿈을 이뤄주는 사람이다.'라는 말을 했어요. 이 말을 듣고 지금까지 '나는 노예처럼 살지 않았나?' 하는 생각이 들었어요.

저는 성격이 조금 소심한 편이에요. 우리 부모님은 제가 삼형제 중 둘째로 형의 눈치, 막내의 눈치를 보면서 자라 소심한 성격이 형성된 것 같다며 항상 안타까워하시죠. 부모님의 생각이 틀리지는 않아요. 제 의견을 주장하기 보다는 다른 형제의 의견을 따르고, 저와 생각이 다르더라도 내색하지 않는 것이 가장 현명한 태도라고 생각했거든요. 그런데 플라톤의 이야기를 듣고, 저의 성격은 다툼을 줄일 수 있다는 장점이 있지만 발전을 막는 장벽이라는 깨달음을 얻었어요. 그래서 요즈음은 자신감을 갖고 제 생각을 좀 더 적극적으로 표현하려고 노력 중이에요. 얼마 전에는 자신감을 얻는 방법의 하나로 학교 방송부에 지원을 했어요. 전에는 다른 사람들 앞에서 말하는 것이 어색했는데 막상 도전해 보니 재미있는 일이라는 생각도 들었어요. 비록 방송부에 합격하지는 못했지만 도전한 것 자체가 제 한계를 뛰어넘는 소중한 과정이었다고 생각해요.

지금까지는 다른 사람의 생각에 너무 많은 영향을 받아 제 꿈을 제대로 키워보지 못했는데 앞으로 더 구체적인 제 꿈을 찾기 위해 노력할 거예요. 자신의 꿈을 이뤄 진정한 자유인이 되고픈 김나연이에요. 지켜봐 주세요.

② 속담 인용하기

'열 번 찍어 안 넘어가는 나무 없다!'

여러분 모두 알고 있는 속담이죠? 하지만 속담대로 열 번 찍는 끈기가 있는 사람은 드물 것입니다. 저는 제가 하고 싶은 일, 또 제게 맡겨진 일은 열 번 아니 스무 번이라도 찍어 결국 넘어가게 만드는 끈기를 가진 소녀입니다. 끈기와 인내, 또 노력하는 자세는 저의 가장 큰 장점이라고 자신 있게 이야기할 수 있습니다. 비록 남들보다 뛰어나거나 특별한 재능은 없지만, 저의 장점인 꾸준함이라는 도끼가 있기에 어떤 나무도 쓰러뜨릴 수 있는 가능성을 가지고 있습니다.

저는 제 장점인 끈기, 꾸준함과 어울리는 독특한 취미가 있습니다. 바로 화초 가꾸기입니다. 화초를 가꾸는 일은 생각보다 많은 인내와 노력이 필요합니다. 때에 맞춰 물을 주고 영양제도 주고, 가끔 화초와 대화도 하면서 화초를 기르다 보면 자연과 교감하는 특별한 즐거움을 느낄 수 있습니다. 비록 하루하루 자라는 모습이 눈에 보이지는 않지만 꾸준히 화초를 가꾸다 보면 어느 순간 꽃도 피고 부쩍 자라 있는 모습에 뿌듯함을 느낄 수 있답니다. 앞으로 제가 기른 화초로 우리 반을 자연 친화적인 반으로 만들고 싶습니다.

항상 노력하는 나무꾼! 어떤 일이라도 최선을 다하는 나무꾼! 아무리 넘어뜨리기 어려운 나무라도 넘어뜨리고야 마는 끈기 있는 나무꾼으로 저를 기억해 주시기 바랍니다.

③ 책 인용하기

　『갈매기의 꿈』이라는 책을 읽어 보셨나요? 책을 읽지는 않았어도 '가장 높이 나는 새가 가장 멀리 본다.' 라는 구절은 익히 들어 알고 있을 것입니다. 이 구절이 바로 『갈매기의 꿈』에 나오는 구절입니다. 많은 갈매기 무리들은 오로지 좀 더 윤택한 거처와 기름진 먹이를 찾는 데만 열중했지만 조나단이라는 갈매기는 더 숭고하고 높은 이상을 추구합니다. 그래서 더 높이 더 멀리 더 빠르게 날기 위해 끊임없이 노력을 합니다. 현실에 얽매여 꿈을 꾸지 못하는 갈매기가 아니라 좀 더 멀리 보고, 더 높은 이상을 추구하는 조나단과 같은 꿈쟁이가 바로 저입니다.

　지금은 할 수 있는 일이 많지 않은 학생이지만 제 꿈에는 한계가 없습니다. 저는 우리나라뿐만 아니라 세계에 이름을 떨치는 유명한 한의사가 되고 싶습니다. 서양 의학이 세계적으로 인정받고 있는 지금, 세계적인 한의사는 조금 어려운 일인 것처럼 보일 수도 있습니다. 하지만 저는 전 세계에 동양 의학의 효능을 알리고 싶습니다. 또한 몸의 병뿐만 아니라 힘들고 어렵게 살아가며 상처 입은 사람들의 마음의 병도 치료해 주는 한의사를 꿈꾸고 있습니다. 실현 가능성이 높은 현실적인 꿈을 꾸라는 사람도 있지만 저는 갈매기 조나단처럼 더 높은 이상을 추구하는 것이 중요하다고 생각합니다. 그 이상을 현실로 만들기 위해 노력하는 진정한 꿈쟁이가 되겠습니다.

④ 노래 & 좌우명 인용하기

"♪ 그래요 준, 준 꿈이 있어요. 그 꿈을 믿어요. 준을 지켜봐요. 저 차갑게 서있는 운명이란 벽 앞에 당당히 마주칠 수 있어요. 내 삶의 끝에서 준 웃을 그날을 함께 해요—♬"

안녕, 내 이름은 김형준이에요. '꿈은 내 인생 최고의 선물'이라는 제 좌우명과 딱 어울리는 노래죠? 저는 꿈이 없는 삶은 상상하기 힘들 정도로 꿈을 소중하게 생각해요. 꿈이 있으므로 힘든 공부도 힘든 상황도 다 견딜 수 있기 때문이죠. 그래서 당당하게 '꿈은 내 인생 최고의 선물'이라고 이야기할 수 있어요. 저의 꿈은 아픈 동물들을 보살펴 주는 수의사가 되는 거예요. 어렸을 때 키우던 강아지가 시름시름 앓다가 원인도 알지 못한 채 세상을 떠난 적이 있어요. 제 생애 최초의 이별이었지요. 그때 슬퍼하고 있는 저에게 어머니께서 앞으로 아픈 동물을 치료해 살려주는 멋진 수의사가 되어 보라며 위로해 주셨어요. 어머니의 위로는 제 마음 속에 큰 꿈의 씨앗을 심어 주셨지요. 아픈 동물들을 치료해 주는 멋진 수의사가 되어야겠다는 꿈 말이에요. 요즈음 버려진 동물들이 많다는 뉴스를 보고, 아픈 동물들뿐만 아니라 주인에게 버려져 마음에 상처를 입은 동물들까지 많은 동물들을 위로해 주고 치료해 주는 수의사가 되어야겠다고 결심했어요. 저는 이렇게 동물을 사랑하는 따뜻한 마음을 가진 사람이에요. 그뿐만 아니라 귀여운 동물들을 닮아 애교도 많고, 웃음도 많아 주위를 밝게 만들 줄 아는 사람이랍니다. 꿈이 내 인생 최고의 선물이듯 제가 여러분들에게 최고의 선물이 되어 줄게요.

인용의 방법으로 소개하기 : 실전 :

인용으로 자신을 소개하는 방법

1 나는 _____

　　을/를 인용해 나를 표현하고 싶어.

2 위 구절을 선택한 이유는?

_____

_____

_____

3 위 구절과 나는 이런 관련이 있어.

(1) _____

_____

(2) _____

_____

(3) _____

_____

인용의 방법으로 자기소개하기

진학을 위한 자기소개서 쓰기

난 입학할 충분한 자격이 있는 사람이야!

학교에서 신입생을 뽑을 때 자기소개서를 요구하는 이유는 무엇일까? 자기소개서는 학생의 특기, 적성, 인격적인 측면 등 여러 가지 면에서 학생이 학교에서 공부할 충분한 자격이 있는지 알 수 있는 가장 기본적인 척도가 되기 때문이야. 진학을 위한 자기소개서를 쓸 때는 지망하는 학교의 특성을 파악하는 것이 중요해. 그리고 그 학교에서 다루는 학습 내용이 자신이 얼마나 공부하고 싶었던 학문 분야이며, 실질적으로 그를 위해 어떤 준비를 해왔는지를 제시하여 평가자들을 설득해야 해.

좋은 자기소개서는 어떤 글일까? 진학을 위한 자기소개서 쓰기 9계명을 통해 좋은 자기소개서의 요건에 대해 알아보자.

진학을 위한 자기소개서 쓰기 9계명

 1계명 학교별 특성을 파악해 지원동기와 연계하라!

무슨 일이든 동기가 뚜렷하지 않은 사람은 성취감을 느끼기가 힘들어. 학교도 마찬가지야. 학교에 입학하려는 목적, 즉 지원동기가 분명하지 않으면 입학하고 나서도 뚜렷한 성과를 나타내기 힘들 거야. 따라서 진학을 위한 자기소개서를 쓸 때는 지원동기를 분명히 밝히는 것이 좋아. 지원동기를 밝힐 때는 구체적인 학교 프로그램이나 활동과 연계해서 쓰는 것이 좋아.

학교별로 홈페이지를 통해 다양한 정보를 제공하고 있으니 이를 잘 활용하면 좋겠지? 예를 들어 학과별 모집을 하는 학교의 경우 학과의 지원 이유를 잘 드러내는 것이 중요하고, 통합적 사고력을 중시하는 학교의 경우 폭넓은 활동을 통한 사고력의 깊이를 보여주는 것이 좋아. 특정 영역 전문 인재를 선호하는 학교는 학습계획서에 자신의 전문성에 대한 깊이와 경쟁력을 나타내는 것이 유리하겠지?

2계명 일관성 · 연관성 · 지속성 · 맥락성을 갖춰라!

학습계획시(지원동기, 자기주도적학습 및 진로 계획, 독서이력, 봉사 및 제험활동)는 일관성·연관성·지속성·맥락성이 가장 중요해. 잘 보이기 위해 각종 내용들을 두서없이 쓰기보다는 본인의 꿈과 연관된 활동들을 일관성 있게 쓰는 것이 중요하지.

예를 들어 물리학자를 꿈꾸는 학생의 경우 자기소개서에도 물리학자가 되고 싶은 **목표를** 지원동기로 적는 게 좋아. 또 자기주도적학습 내용도 '물리학자' 라는 꿈이 바탕이 된 내용으로 정리하면 일관성과 연관성을 동시에 갖춘 깊이 있는 글이 되겠지? 진로 계획, 독서, 봉사·체험활동도 과학과 관련된 활동을 바탕으로 '일관성' 과 '주관' 을 뚜렷이 보여 주어야 한다는 점 잊지 마!

3계명 나를 드러내라!

　자기가 잘 나타나는 글이 가장 좋은 자기소개서임은 두 말할 나위가 없어. '나'를 '나'라고 할 수 있는 것을 찾아서 다른 사람과 다른 '나'만의 특징을 드러내야 해. 자기소개서를 잘 쓰기 위해서는 자기의 장단점을 솔직하게 쓰면서도 상대방에게 호감을 줄 수 있어야 해. 자기소개서를 쓰다 보면 감정적으로 자기가 과장되기 쉬워. 이런 감정을 잘 절제하면서 자신의 정체성이 드러난 자기소개서를 쓰도록 노력해야 해.

4계명 객관성을 유지하라!

　자기소개서는 자기를 소개하는 글이지만 주관적 성격의 글이 아니야. 자기 주관에 휩싸여 서술하는 것은 설득력을 지니기 어렵기 때문이야. 비록 자기 이야기라도 솔직하고 객관적으로 서술해야 해. 평가자는 객관적인 자료를 요구하는 것이지, 주관적인 얘기를 들으려고 하는 것이 아니거든. 참, 과장된 내용이나 허위 사실을 기재해서는 안 된다는 것은 알고 있지? 자기 자신에 대해 객관적으로 최대한 솔직하게 꾸밈없이 쓰는 것이 좋아. 객관적으로 자기 자신을 제시할 수 있을 때 그 사람에 대한 공감은 물론 신뢰감을 줄 수 있어. 또한, 객관성을 바탕으로 할 때 논리적 설득력을 지니는 자기소개서가 될 수 있을 거야.

5계명 군더더기가 없는 간단 명료한 표현을 써라!

자기소개서의 문장은 단순 명료해야 해. 문장이 비문법적이거나 너무 길면 전달하려는 의사를 제대로 표현할 수 없게 되거든. 군더더기가 많은 문장, 진부하고 구태의연한 문장, 화려한 표현법 등도 마찬가지야. 문장이 단순하고 표현이 명료하여 군더더기가 느껴지지 않을 때 진실한 마음이 잘 우러나는 설득력 높은 글이 될 수 있어. 그러기 위해서는 '저는', '나는' 등의 자신을 지칭하는 말이나, 앞에서 언급했던 부분을 반복하는 불필요한 말들을 빼고 간결하게 문장을 표현해야 해. 해야 할 이야기는 다 하되, 너무 길게 늘어놓아서는 안 돼. 또, '그래서, 그리하여, 그러므로, 또한' 등의 접속사가 너무 많이 들어가지 않도록 유의하는 것도 잊지 마.

6계명 구체적으로 소개하라!

자기소개서에서는 자신의 모습을 구체적인 증거를 바탕으로 자세하게 서술하는 것이 좋아. 즉, 어떤 경험이나 환경이 오늘의 나를 만들어 냈는지 구체적으로 기술하라는 뜻이지. 예를 들어 수학에 흥미를 가지게 되고 과학에 몰두하게 되었다는 이야기를 썼다면 '왜 나는 수학에 흥미를 가지게 되었는가, 그리고 왜 과학에 몰두하는가.'를 구체적으로 서술해야 해. 끊임없이 '왜'라는 질문을 던지고 그 답을 기록한다는 자세로 자기소개서를 써 보자.

자신의 경험이나 깨달음, 독서를 통해 알게 된 점을 적을 때도 마찬가지야. 예를 들어 '여행을 통해 많은 것을 느꼈습니다.'라는 말보다는 여행의 어떤 점이 와 닿았는지, 또 그것이 스스로의 성장에 어떻게 작용했는지 언급해 준다면 훨씬 훌륭한 자기소개서가 되겠지? 구체적으로 표현해야 자기소개서를 읽는 사람도 너에 대해 구체적으로 생각하게 될 거야.

7계명 개성 있는 자기소개서를 써라!

자기소개서를 쓰다보면 자칫 천편일률적인 내용이 되기 쉬워. 그런데 특징이 없는 자기소개서는 읽는 사람이 지루해지기 마련이야. 수많은 응시자의 자기소개서 중에서 눈에 띄기 위해서는 독특한 개성이 담겨야 해. 문장력이 뛰어나다면 금상첨화이겠지만 그렇지 않더라도 개성 있는 자기소개서는 누구든 쓸 수 있어. 예를 들어 작문을 하는 것처럼 제목을 특이하게 붙여본다든지, 일상적 어투에서 벗어나 선현의 말씀을 인용한다든지 말이야. '나만이 가진 경험' '나에게 특별한 영향을 준 사건'을 토대로 자기소개서를 쓰는 것도 개성 있는 자기소개서를 쓰는 방법 중 하나야. 학교생활이나 일상생활에서 겪은 경험이라고 해도 지원동기, 진로와 연관시켜 솔직하게 적는다면 나만의 경쟁력이 될 수 있을 거야.

8계명 초고를 작성하라!

자기소개서를 쓸 때 한 번에 작성하지 말고, 초고를 작성해 여러 번에 걸쳐 수정하고, 보완을 하는 것이 좋아. 자기소개서의 경우 여러 학교에 제출하기 때문에 원본을 두고, 각 학교별 특성에 따라 수정을 해 제출하면 되겠지?

자필로 쓰는 경우 잘못 써서 고치거나 지우는 일이 없도록 충분히 연습을 한 후에 주의해서 쓰는 것이 좋아.

9계명 자기소개서의 내용을 숙지하라!

면접자는 자기소개서를 읽다가 시선을 끌거나 중요한 부분에 대해서는 표시를 해 두기도 하는데, 이는 면접 전형에서 자기소개서가 질문의 기초 자료로 활용되기 때문이야. 면접을 할 때 답변이 자기소개서와 다르다면 지원자의 신뢰성에 큰 타격을 주게 되겠지? 따라서 자기소개서를 포함하여 진학할 학교에 제출한 모든 자료는 반드시 복사본을 보관하고 면접하기 전에 충분히 숙지할 필요가 있어. 특히 자기소개서에서 애매하게 표현되었거나 약점이라고 생각하는 부분에 대해서는 반드시 답변을 준비하는 것이 좋아.

한눈에 보는 **진학을 위한 자기소개서 쓰기 9계명**

1. 학교별 특성을 지원 동기와 연결해라.
2. 일관성·연관성·지속성·맥락성을 갖춰라.
3. '나'를 드러내라.
4. 객관성을 유지하라.
5. 간단 명료한 표현을 써라.
6. 구체적으로 소개하라.
7. '나'만의 개성을 담아라.
8. 초고를 작성하라.
9. 자기 소개서의 내용을 숙지하라.

지원동기 쓰기 : 예시 :

지원 동기 쓰기 TIP

(1) 지원하려는 학교에 대한 다양한 정보를 수집해 학교의 특성을 파악해야 해.

(2) 수집한 정보를 토대로 구체적인 학교 프로그램이나 활동과 연계해서 지원동기를 밝히는 것이 좋아.

(3) 학교프로그램에 대한 이해, 진로와의 연관성, 진로활동을 위한 자신의 구체적인 노력이 드러나는 지원동기를 써야 해.

(4) 자신의 꿈과 지원하고자 하는 학교와의 연결성이 드러나야 해.

예시1 최근 한류 열풍은 문화 산업의 파워가 실로 엄청나다는 것을 보여주고 있습니다. 한국의 연예인, 영화, 드라마를 좋아하는 다른 나라의 사람들이 한국이라는 나라 자체에 호감을 가지게 되는 것을 보았습니다. 이런 모습을 보며 문화는 '보이지 않는 힘'임을 다시 한 번 느낄 수 있었습니다. 어렸을 때부터 영화에 관심이 많았던 저는 문화의 힘을 깨달아 더 큰 꿈을 꾸게 되었습니다. 우리나라 전통을 세계 속에서 알리는 영화를 제작하는 것이 제 목표입니다. 세계적인 영화를 제작하기 위해서는 국제 감각을 키우는 것이 중요하다고 생각합니다. 다양한 나라의 언어를 배울 수 있는 귀교에 진학하여 영어 · 일본어 · 스페인어 등 외국어 능력을 신장시키고, 국제 감각을 키우고 싶습니다. 귀교에서 진행하는 다양한 외국어 프로그램을 통해 국제 감각을 키우고 이를 바탕으로 세계인들이 인정하고 좋아할 만한 우리의 영화를 제작하고 싶습니다.

예시2 　초등학교 5학년 때 '정재승의 과학콘서트'라는 책을 읽었습니다. 우리 주변에서 볼 수 있는 여러 가지 현상을 과학적으로 분석해 놓은 그 책은 저에게 신선한 충격을 주었습니다. 과학이란 언제나 나와 동떨어진 것이라고 생각했었는데 일상생활의 사소한 모든 일들이 과학과 관련 있다는 것을 알았기 때문입니다. 그때부터 저는 물리학자의 꿈을 꾸게 되었습니다.

　막연하게 물리학자가 되겠다는 꿈을 꾸던 저는 한국 최초의 우주인 김소연 씨의 인터뷰를 보고, 우주의 신비를 밝히는 천체물리학자가 되겠다는 구체적인 꿈을 갖게 되었습니다. 힘들겠지만 국제적 우주 활동 기관인 NASA에 들어가 국제적 기술을 배우고, 우리나라의 우주 산업 분야를 발전시키고 싶습니다. 국제기관에서 일을 하기 위해서는 다양한 외국어 능력이 필요합니다. 특히 세계 공용어인 영어를 완벽하게 구사할 수 있어야 한다고 들었습니다. 모든 수업을 영어로 진행하는 ○○국제중학교의 수업 방식은 저의 꿈을 이루는 데 큰 디딤돌이 될 것입니다. 영어 등 다양한 언어의 기초능력을 탄탄히 다져 국제기관에서 일하기 위한 역량을 기르고 싶습니다.

1 내가 지원하려는 학교의 특성은?

_____

_____

_____

_____

2 학교 프로그램과 나의 진로방향의 연관성은?

_____

_____

_____

_____

3 지원동기를 간단하게 정리하자면?

_____

_____

_____

_____

지원동기 쓰기 : 실전 :

자기주도적 학습과정 & 진로계획 쓰기 : 예시 :

자기주도적 학습과정 & 진로계획 쓰기 TIP

⑴ 평소 자기만의 공부 방법과 그에 따른 학습 효과를 소개하되 자신만의 독특한
   방법과 발전 과정을 구체적으로 서술하고 자세히 보여 주어야겠지.
⑵ 수상 경력보다는 구체적 경험과 노력의 과정을 녹여내야 해.
⑶ 지원동기와 학습계획, 학습과정, 학습과정에서 느낀 점, 입학 후 학습계획, 졸
   업 후 진로계획 등을 유기적으로 연결시키는 것이 필요해.

자기주도적 학습과정 & 진로계획 쓰기 예시

저는 가끔 주위에서 '두 얼굴의 아이'라는 말을 듣습니다. 왜냐하면 놀 때는 제
대로 놀고, 공부할 때는 누구보다 집중하여 열심히 하기 때문입니다. 저는 어렸을
때부터 혼자 공부를 했습니다. 시험공부도 집에서 전과를 보거나 문제집을 풀면서
혼자 합니다. 어렸을 때 아토피를 앓았던 저는 환경문제에 관심을 갖게 되었고, 신
재생에너지 공학자가 되어 인류의 환경문제를 해결하고 싶다는 꿈을 꾸게 되었습
니다. 그래서 저는 특히 과학에 관심을 갖게 되었습니다. 책을 일주일에 5, 6권씩
꼬박꼬박 읽는데 그 중 상당수는 과학과 관련된 책입니다. 독서를 통해 꾸준히 과
학에 대한 배경지식을 쌓았고 이는 학교수업을 이해하는 데도 큰 도움이 되었습니
다. 또한 자연탐구대회에 참가해 스스로 실험을 설계하고 탐구하면서 자기주도적
으로 실험할 수 있는 방법을 배웠고, 좋은 성과를 얻을 수 있었습니다.

과학과 달리 영어는 항상 제게 힘든 과목이었습니다. 6살 때 영어유치원을 통해 처음 접한 영어는 제게 큰 산이었습니다. 영어 공부에서 가장 힘들었던 부분은 말하기·쓰기였습니다. 말하기 실력 향상을 위해 동생과 영어로 대화하는 시간을 가졌지만, 소재에 한계가 생겼습니다. 그래서 영어 원서로 된 책을 읽고, 읽은 책을 토대로 영어로 토론하는 연습을 했습니다. 처음에는 어려웠지만 점점 영어가 재미있다고 느껴 즐기면서 공부할 수 있었습니다. 그 결과 4학년 때는 교육청 영재원에 도전하기 위해 몇 차례의 예선전을 치르며 반 대표, 학교 대표, 교육청 대표로 선발되기도 하였습니다. 아쉽게도 최종 면접에서 떨어지긴 했지만, 저는 학원에 다니지 않고 혼자서 공부하면서 최선을 다했기 때문에 후회하지 않습니다. 물론 올해도 포기하지 않고 도전해 볼 생각입니다.

저는 학원에 다니는 다른 아이들처럼 무리한 선행을 하지 않고 예습, 복습을 철저히 하여 지금 배우는 내용을 완벽히 이해합니다. 저는 이런 방법을 귀교에 가서도 활용할 것입니다. 저는 영어로 수업을 진행하는 ○○ 국제중학교에 가서 SAT와 TOEFL 등을 학교 공부와 병행하며 국제적 감각을 키우고 싶습니다. 이를 바탕으로 신재생에너지 공학자가 되어 국제 사회에 큰 영향을 끼치는 글로벌 인재가 될 수 있도록 노력할 것입니다.

자기주도적 학습과정 & 진로계획 쓰기 : 실전 :

| 특별히 좋아하는 과목과 그 이유는?

2 좋아하는 과목을 학습하기 위해 평소에 어떤 노력을 하고 있는가?

2-1 본인의 학습 방법에 대한 평가는? (구체적 실례를 들어 쓸 것)

③ 싫어하는 과목은 무엇이고 이를 극복하기 위해 어떠한 노력을 했는가?

3-1 노력의 성과는 어떠했는가?

④ 참가했던 대회는?

4-1 대회참가 경험이 진로나 학습방향에 미친 영향은 무엇인가?

독서이력 정리하기 : 예시 :

 독서이력 정리하기 TIP

(1) 많은 학생이 선택한 책은 피하고 자신이 읽은 책 중에서 진로 연관성과 지적 수준을 드러내 줄 수 있는 책을 선택해.

(2) 단순한 줄거리 나열이나 일반적인 서평 수준의 감상을 넘어, 독서 이후 구체적인 가치 변화나 행동의 변화를 중심으로 표현해 봐.

(3) 독서를 통한 가치의 변화와 내면화 과정에서 진정성을 드러내야 해.

→ 양보다 질! 즉, 단순히 독서량을 드러내기 보다는 '내가 관심 있는 분야와 부합되는 독서활동을 했는지' '독서활동으로 나의 가치관이나 행동 등이 어떻게 달라졌는지' 를 서술하는 것이 필요해.

예시1 　지금까지 제가 읽었던 책 중 가장 많은 생각을 하게 했던 책은 바로 '과학 일시정지' 입니다. 평소 과학에 관심이 많았던 저는 '과학 일시정지' 라는 책 제목에 묘한 반발심이 생겨 책을 읽기 시작했습니다. 이 책에는 과학 기술이라는 양날의 검에 대해 이야기하고 있습니다. 과학이 우리의 삶을 풍요롭고 윤택하게 했지만 현대 과학은 벽에 부딪치고 있음을 시사해 주고 있습니다. 특히 과학 기술의 양날 중 어두운 날에 대해 초점을 맞춰 이야기하면서 이 어두운 날을 과학이라는 검으로 맞받아쳐야 하는지에 대해 의문을 제기하고 있습니다. 그리고 이렇게 외칩니다. '과학 일시정지!'

하지만 저는 현대 사회의 문제가 과학을 잠시 정지시킨다고 해서 해결될 문제는 아니라는 생각을 했습니다. 글쓴이의 생각과 달리 저는 과학이라는 검이 저지른 실수를 푸는 열쇠 또한 과학에 있다고 생각합니다. 이 책을 읽고 과학자가 되려는 한 사람으로서 특히 신재생에너지 공학자가 되려는 한 사람으로서 더 많은 책임감을 갖게 되었습니다. 과학 기술의 발달이 가져다 주는 밝고 긍정적인 미래만 생각했던 저에게 과학 기술이 초래한 어둡고 부정적인 면에 대해 생각하게 한 책입니다. 이 책을 통해 저는 미래 과학자가 가져야 할 자세에 대해 알게 되었고, 내가 나아갈 길에 대한 더 뚜렷하고 큰 목표를 갖게 되었습니다.

예시2

IT 기술하면 많은 사람들이 스티브 잡스를 떠올릴 것입니다. 스티브 잡스가 세상을 바꾸었다고 해도 과언이 아닙니다. 〈스티브 잡스 이야기–짐 코리건〉을 읽으며 저는 스티브 잡스가 어떻게 세상을 바꿀 수 있었는지 알게 되었습니다. 스티브 잡스의 성공에는 많은 시련과 아픔이라는 밑거름이 있었습니다. 스티브 잡스는 고난과 역경에도 포기하지 않고 끊임없이 도전합니다. 그 결과 스티브 잡스는 세상을 변화시키는 사람이 됩니다. 작은 시련에도 쉽게 포기하고 도전하기를 망설였던 저에게 스티브 잡스의 태도는 신선한 충격을 주었습니다. 저도 스티브 잡스처럼 시련이 오더라도 포기하지 않고 도전을 두려워하지 않는 사람이 되어야겠다는 생각을 했습니다. 그래서 우리나라뿐만 아니라 세계의 IT 산업에 한 획을 긋는 사람이 되고 싶습니다.

1 감명 깊게 읽은 책을 모두 적어보자.

2 위 책 중 나의 진로방향과 관련이 있는 책은?

2-1 위 책을 읽고, 나의 가치관과 행동 등이 어떻게 달라졌는가?

독서이력 정리하기 : 실전 :

봉사·체험활동 소개하기 : 예시 :

(1) 보편적으로 많이 선택하는 봉사·체험활동(장애인 도우미, 도서관 보조, 노인 종합복지관 활동, 영어캠프와 세미나, 동아리 활동)은 피하고, 차별화되는 활동 (예 문화원 도우미, 번역 봉사, 또래나 후배의 멘토, 에코 음식 만들기, 사물놀이 공연 등)을 선택해 봐.

(2) 봉사·체험활동으로 의미 있는 소재를 선택하고 여기에 덧붙여 내적 변화를 경험한 활동이 좋겠지?

(3) 장래진로계획과 연관된 분야의 봉사·체험활동을 선택해야 해.

(4) 봉사활동에서 중요한 점은 지속성과 유의미성이야. 지속적으로 활동한 봉사활동이 좋아.

(5) 봉사·체험활동을 통해 느낀 감성과 행동 변화 과정을 드러내야 해.

예시1 청와대 푸른누리 기자로 2년째 활동 중입니다. 5학년 때 담임 선생님의 추천으로 기자가 된 후 가장 먼저 썼던 기사는 환경미화원에 관한 기사였습니다. 환경미화원 아저씨를 동행취재하면서 깨끗한 환경을 만들기 위해 흘리는 아저씨들의 구슬땀에 고개가 절로 숙여졌습니다. 또한 우리 사회는 보이지 않는 곳에서 열심히 일하시는 분들 덕분에 유지되고 있다는 것을 깨달았습니다. 가장 기억에 남는 기사는 국제기록문화전시회 탐방 기사였습니다. 국제기록문화전시회에서 조선왕조실록을 비롯한 진귀한 기록 유산을 보고 한국인으로서의 자부심을 느꼈습니다. 또한 전시회를 통해 알게 된 점과 제가 느낀 감동을 다른 사람들에게 전한다고 생각하니 기사를 쓰는 것이 즐겁기만 했습니다. 이런 과정을 통해 다른 사람들에게 새로운 소식을 전하는 것이 얼마나 의미 있는 일인지 깨달았습니다. 저는 제가 쓴 기사를 틈틈이 영어로 옮겨 적고 있습니다. 세계적인 기자가 되어 세상 사람들에게 새로운 소식을 전하는 기자가 되고 싶기 때문입니다. 푸른누리 기자 활동을 토대로 새로운 소식을 가장 먼저 정확하게 알리는 기자가 될 것입니다.

예시2 5학년 때 캐나다 교육청에서 방문한 손님들에게 학교의 구석구석을 소개하는 안내 도우미 역할을 한 적이 있습니다. 영어로 학교를 소개한 후 자연스럽게 일상대화를 나누었습니다. 이렇게 대화를 나누다 보니 외국인과 의사소통이 자유로운 데 기쁨을 느꼈습니다. 시험을 위한 외국어 공부가 아닌, 다른 나라 사람들과 소통하기 위한 외국어 공부가 필요하다는 것을 깨달았습니다. 이 경험을 계기로 시민을 대상으로 여러 교육을 실시하는 청소년 운영위원회를 찾았습니다. 그리고 그곳에 오는 외국인 친구들에게 영어로 참여방법을 설명하는 일을 하게 되었습니다. 의사소통에 어려움을 겪는 사람들을 도울 수 있다는 생각에 뿌듯한 마음이 들었고, 세계 여러 나라 사람들과 소통할 수 있게 해주는 영어에 매력을 느끼게 되었습니다. 앞으로 청와대 통역관이 되어 나라 발전에 큰 도움을 주는 사람이 되고 싶습니다.

봉사 · 체험활동 소개하기 : 실전 :

1 그동안 했던 봉사 · 체험활동을 모두 적어 보자.

_____

_____

_____

_____

2 위 활동 중 나의 진로계획과 관련이 있는 활동은?

_____

_____

_____

_____

2-1 위 활동을 통해 느낀 점과 변화된 점은?

_____

_____

_____

_____

봉사 · 체험활동 소개하기 : 실전 :

셋째
마당

'나'의
미래 설계하기

미래의 내 모습 구체화하기

20년 후, '나'의 모습을 꿈꿔 보자.

　사람은 누구나 똑같이 주어진 시간 속에 살아가지만, 목표가 뚜렷한 사람과 목표가 없는 사람의 삶은 전혀 다른 결과를 낳는단다. 미래에 어떤 사람이 되고 싶은지, 자신의 꿈이 무엇인지를 생각해 보는 일은 우리의 미래를 밝혀 주는 등대가 되어 주지.

　프랑스의 시인이자 사상가인 폴 발레리는 이런 말을 남겼어. "생각하는 대로 살지 않으면 사는 대로 생각하게 된다." 이 말은 곧 목표가 뚜렷하지 않은 사람은 자기 인생의 주인이 될 수 없다는 말이야.

　스스로 세운 꿈과 목표가 없는 사람은 목표물을 잃고 좌초하는 배와 다를 바 없는 인생을 사는 거야. 하지만 지금은 모든 것이 완벽하지 않더라도 꿈과 목표가 뚜렷하다면, 그 사람은 이미 반은 성공한 셈이야. 인생에 있어서 꿈과 그 꿈을 향한 뚜렷한 목표는 우리의 인생을 바꾸어 줄 소중한 열쇠라는 걸 잊지 마.

　어떠니? 넌 네가 정한 목표를 향해 주도적으로 너의 인생을
이끌어 가고 있니? 꿈과 목표는 우리의 인생을 바꾸어 줌 소중한
열쇠라는 점을 잊지 마!

'목표'를 세우는 게 우선이야.

멋진 인생의 주인공이 되고 싶다면, 가장 먼저 내가 어떤 사람이 되고 싶은지부터 생각해 봐. 그리고 구체적인 목표를 세우고 그 목표를 향해 한 발 한 발 나아가 보는 거야.

꿈과 목표를 세우려면 먼저 '내가 가장 좋아하는 일과 잘 하는 일은 무엇일까?'를 생각해 봐야 해. 특별히 잘 하는 것도 없고, 좋아하는 것도 없다고? 만약 그렇다면 자기 자신에 대해 깊이 있게 생각해 보지 않았거나, 너무 쉽게 포기하려고 하는 것은 아닌지 돌아보아야 해. 상대적인 기준을 가지고 남과 비교하거나 좌절할 필요는 없어. 우리는 가끔 자신이 가진 소중한 보물을 잘 보지 못할 때가 있거든. 그럴 땐 가족이나 주위의 도움을 받는 것도 도움이 될 거야.

예를 들어 '남의 얘기를 잘 들어주는 것'도 자신만의 장점이 될 수 있어. '아무 생각이 없는 것'처럼 보여진다면, 그 또한 낙천적인 성격으로 장점이 될 수도 있어. 남들이 어떻게 바라보느냐로 자신을 평가하기 보다는 스스로 자신만의 숨겨진 보물을 찾아보는 거야.

자, 그럼 지금부터 내가 내 인생의 수체가 되어 인생을 설계하기 위해서 필요한 것들이 무엇인지, 그리고 지금 당장 무엇부터 시작해야 할지 함께 생각해 보자.

멋진 인생의 주인공이 되고 싶다고?
그렇다면 구체적인 목표를 먼저 세워 봐.

20년 후, '나'는 어떤 사람이 되어 있을까?

목표를 세울 때는 미래의 내 모습을 먼저 떠올려 볼 필요가 있어. 남들이 보기에 거창한 꿈이 아니라도 좋아. 성공한 인생은 누구보다 자기 스스로의 만족이 가장 중요한 거니까.

먼저 20년 후 내가 바라는 이상적인 모습을 그려보고, 그때 나는 나이가 몇 살이고, 어디에서 무엇을 하고 있을지 상상해 보자. 어쩌면 미래는 누구에게나 불투명하고 불확실하기 때문에 더 무한한 가능성을 지닌 세계라고도 볼 수 있어. 그러니 무한 상상으로 자신이 바라는 꿈 가운데 가장 크고 높은 이상을 목표로 그 모습을 그려보는 게 좋겠지? 그리고 다양한 방법으로 미래를 스케치해 보아야 해. 20년 후 상상한 '나'의 모습을 글로도 표현해 보고, 일과표도 작성해 보고, 이력서로도 표현해 보는 거야.

성공한 사람들의 공통점은 모두가 불가능하다고 믿는 일에도 자신을 믿고 끝까지 도전했다는 점이야.

여기서 '그건 성공한 사람들의 얘기지. 나와는 상관없는 남의 얘기야.'라는 생각은 절대 금물이야. 사람은 누구나 성공한 인생의 주인공이 될 수 있는 것이고, 그 열쇠는 어느 누구도 아닌 바로 자기 자신이 쥐고 있다는 점을 명심해.

> 목표를 세울 때는 자신의 먼 미래의 모습을 먼저 떠올려보는 거야. 그리고 20년 후의 하루를 아주 구체적이고 사실적으로 묘사하는 일기를 써 보거나 성공한 자신을 인터뷰하는 연습을 해보는 것도 꽤 괜찮은 방법이지.

20년 후, 나의 모습 글로 표현하기 : 예시 ①

나는 지금 세계 무대에서 우리나라를 알리는 사람이 되어 있어. 사춘기 때 항상 미래에 무엇을 할까 고민했는데, 오랜 고민 끝에 나의 꿈을 정했고 결국 그때의 꿈을 이뤄냈지. 그때 나는 지구온난화 등 세계 문제에 관심을 갖고 있었거든. 물론 그때는 나도 나의 미래가 늘 불안하고 궁금했단다. 과연 내가 꿈을 이룰 수 있을지 막연하고, 어렵게 느껴지기도 했어. 하지만 꿈을 이루기 위해 목표를 세운 뒤부터는 생각이 달라졌고, '꿈은 반드시 이루어진다'는 생각을 하며 해야 할 일들을 차근차근 해온 덕분에 지금의 내가 될 수 있었어.

솔직히 나는 그때 학교 성적도 그다지 좋지 않았고, 특별히 잘 하는 것도 없는 학생이었어. 그래서 처음에는 외교관이 되고 싶다는 꿈을 사람들에게 얘기하기도 두려웠어. 왜냐고? '오르지 못할 나무는 쳐다보지도 말라'는 말이 자꾸 내 귓가에 쟁쟁거렸거든. 하지만 스스로 목표를 정하고 나니 그때부터 자신감이 생기는 거야. 그리고 보란 듯이 목표를 이루고 말겠다는 결심을 한 뒤부터는 외교관이 되어 기후대사로 활동하려면 무엇을 먼저 해야 할지 스스로 필요한 것들을 찾고 계획을 세워나갔지. 그리고 그때부터는 하루도 거르지 않고 내가 만든 계획표대로 실천해 나가고, 하루 하루를 점검하며 자기 관리를 하기 시작했어.

지금 나는 기후변화협약이 열리고 있는 덴마크 코펜하겐에 와 있어. 내가 여기서 무엇을 하고 있냐고? 어릴 때 막연하게 꿈꾸던 외교관이 되어 기후대사로 활동하고 있지. 이곳에서 한국을 대표하여 세계 각국 지도자들과 함께 지구촌 기후 변화에 대한 해결책을 논의하고 있단다.

20년 후, 나의 모습 글로 표현하기 : 예시 ② :

나는 지금 베스트셀러 작가야. 사실 난 원래 책을 많이 안 읽었어. 어릴 때도 만화책이나 좀 읽었을 뿐이지. 그런데 어떻게 작가가 되었냐고? 어느 날 도서관에 갔던 게 계기가 되었어. 게다가 도서관의 엄청난 책들을 보는데 그게 얼마나 근사한지 작가가 되고 싶다는 생각이 절로 드는 거야.

나는 가난한 집에서 태어난 데다 집에 빚도 많았단다. 그때는 작가가 되고 싶다는 나의 꿈을 주변에서 모두 비웃었어. 가족도 친구도 아무도 날 지지하는 사람이 없었단다. 오직 책을 통해서만 '나도 할 수 있다.'는 자신감과 용기를 얻을 수 있었지. 이십대부터 나는 하루 한 권은 기본이고, 어떨 때는 하루에 서너 권 이상 책을 읽었어. 나중에는 하루에 열 권 이상 읽을 때도 있었지.

물론 책만 많이 읽어서 내가 작가가 될 수 있었던 건 아니야. 10년이 넘도록 그렇게 많은 책을 읽었는데도, 나는 여전히 제자리였고 책 속에서 길을 찾을 수도 없었지. 그렇다고 거기서 좌절한 건 아니야. 그때부터 나는 나의 독서법을 바꾸기 시작했어. 마음의 고통을 잊고, 힘을 얻기 위한 독서가 아니라 인생을 바꾸기 위한 독서를 하기 시작했다고나 할까. 그냥 책을 읽던 상태에서 벗어나 입체적으로 읽고 분석하기 시작했어. 성공한 사람들 중에는 나보다 더 못한 처지의 사람들도 분명 있었는데 그들은 도대체 어떻게 해서 변화를 이뤄낼 수 있었는지 연구하고 공부하기 시작했단다. 결국 독서를 통해 나는 내 인생을 혁명적으로 바꿀 수 있었고, 내가 바라던 베스트셀러 작가가 되는 꿈을 현실에서 이루어내고 말았어. 이쯤에서 나는 독서는 꿈을 현실로 바꾸어 주는 매우 유용한 수단이라는 것을 강조하고 싶어. 그리고 제대로 된 독서를 하는 사람은 누구나 다른 사람의 인생이 아닌 자신만의 꿈을 꿀 수 있다는 말을 해주고 싶구나.

20년 후, 나의 모습 글로 표현하기 : 예시 ③ :

나는 성공한 영어학원 원장이자 대한민국에서 제일 잘 나가는 영어 강사야. 지금 나는 삼십 대 중반인데 개인 사업체를 다섯 개나 운영하고 있어. 성공의 기준을 어디에 두느냐에 따라 달라질 수 있겠지만, 나는 지금의 내 삶이 대단히 성공한 인생이라고 말하고 싶어. 물론 그렇다고 여기서 안주하겠다는 말은 아니야. 나는 방송통신대학을 10년만에 졸업하고, 10년 평점 평균이 2.0인데다 영어도 못했지. 한때 나는 지독한 가난과 난치병으로 고통 속에서 지냈단다. 라면 하나를 사지 못하고 굶주리기도 했고, 건강 악화로 세상 구경조차 하지 못하던 시절이 있었어. 그런 내가 지금은 억대 연봉자로, CEO로, 실업자와 비정규직 노동자들의 멘토가 되어 있단다. 그뿐만 아니라 현재는 수입의 30% 이상을 기부하며, 아시아 저개발 국가와 아프리카에 우물을 파주기, 학교와 병원짓기 등의 프로젝트도 진행하고 있지.

내 인생을 바꾸어 준 것은 그 어떤 거창한 것도 아닌, 다름 아닌 책이란다. 책을 제대로 접하기 전까지 나는 솔직히 꿈도 생각도 없이 살았지. 그렇게 세상을 거부하던 어느 날, 나는 생계를 위해 영어 공부를 시작했고 동네에 전단지를 붙이다 우연히 나의 독서 멘토이자 인생의 스승이 되어준 무명 작가 한 분을 만나게 되었어. 물론 그 분도 지금은 이름을 대면 누구나 알 만한 유명한 작가가 되셨지. 그 분을 통해 나는 책을 읽기 시작했고, 책을 읽으며 생각도 바뀌고 성장하기 시작했단다. 그러니 나의 성공의 비결은 누가 뭐라고 해도 책 속에 답이 있다고 할 수 있지. 어때? 내 얘기를 들으니 용기가 생기지 않니? 속는 셈 치고 너희들도 자신이 원하는 일이 무엇인지 생각해 보고, 위인들의 지혜가 담긴 책 속에서 길을 찾아보면 어떨까?

20년 후, 나는 어떤 사람이 되어 있을지 꿈을 이룬 후의 모습을 상상하여 정리해 봐.

1 나는 지금 _____ 사람이 되어 있어.

2 어린 시절 나의 꿈은 _____

_____ (이)었지.

3 지금의 내가 있게 된 가장 큰 원동력은 _____

_____

4 지금의 꿈을 이루기 위해 내가 한 노력은 _____

_____

_____

5 꿈을 이룬 나는 앞으로 _____

_____

_____

20년 후, 나의 모습 글로 표현하기 : 실전 :

20년 후, 나의 이력서 쓰기 : 예시 :

인적사항	성명	김사각			
	주민번호	123456-7891011			
	주소	서울시 강남구 도곡동 813번지			
	자택전화	02-123-4567			
	휴대전화	010-123-4567			
	SNS	twitter : @ab0000			
	E-mail	sagak@nara.com			
학력사항	2020.03~2027.02 한국 대학교 졸업 한국 대학원 졸업				
직장	하는 일	외교통상부 기후변화대사			
가족관계	관계	성명	연령	직업	직위
	남편	유승호	35	사업가	CEO
	아들	유한국	9	학생	
	딸	유미래	8	학생	
기타	수상내역 자격사항	골드만 환경상 수상			

20년 후 나의 이력서 쓰기 : 실전 :

인적사항	성명	
	주민번호	
	주소	
	자택전화	
	휴대전화	
	SNS	
	E-mail	

학력사항		

직장	하는 일	

가족관계	관계	성명	연령	직업	직위

기타	수상내역 자격사항	

20년 후, 나의 일과표 작성하기 : 예시 :

시 간	세 부 사 항
오전 6 : 00 ~ 7 : 30	**기상, 아침식사, 출근 준비, 조간신문 읽기** 아침 6시에 일어나 출근준비를 하며, 신문과 뉴스를 통해 그날 그날의 이슈와 세상 소식을 접하는 것으로 하루를 시작한다.
7:30 ~ 8:00	**출근**
8:00 ~ 12:00	**업무 처리** 출근 후, 그날 그날 처리해야 할 일의 순서와 목표를 정하고, 오전에 해야 할 업무를 처리한다.
오후 12:00 ~ 2:00	**점심 식사 & 휴식** 점심 식사 후, 잠깐의 여유 시간이다. 잠시 낮잠을 자거나, 책을 보거나, 인터넷을 한다.
3:00 ~ 6:30	**업무처리** 오늘 처리해야 할 일을 마무리하며 목표를 점검한다.
6:30 ~ 8:00	**퇴근 & 저녁식사** 특별한 일이 없으면 저녁 약속을 잡지 않고, 집에서 가족과 함께 저녁을 먹는다.
8:00 ~ 12:00	**산책, 독서, 휴식, 취침** 저녁 식사 후 가볍게 산책한다. 산책 후 업무관련 도서 또는 관심 분야의 책을 읽으며 하루를 마무리한다.

20년 후, 나의 일과표 작성하기 : 실전 :

시 간	세 부 사 항

입사동기

부하
직원, 상사

직장
동료

학교
동창

부모님

등산
동호회
친구

친구

20년 후
나의
인간관계

가족

아내, 남편

사회친구

자녀

해외
친구

유학 중에
만난 친구

여행중에
만난 친구

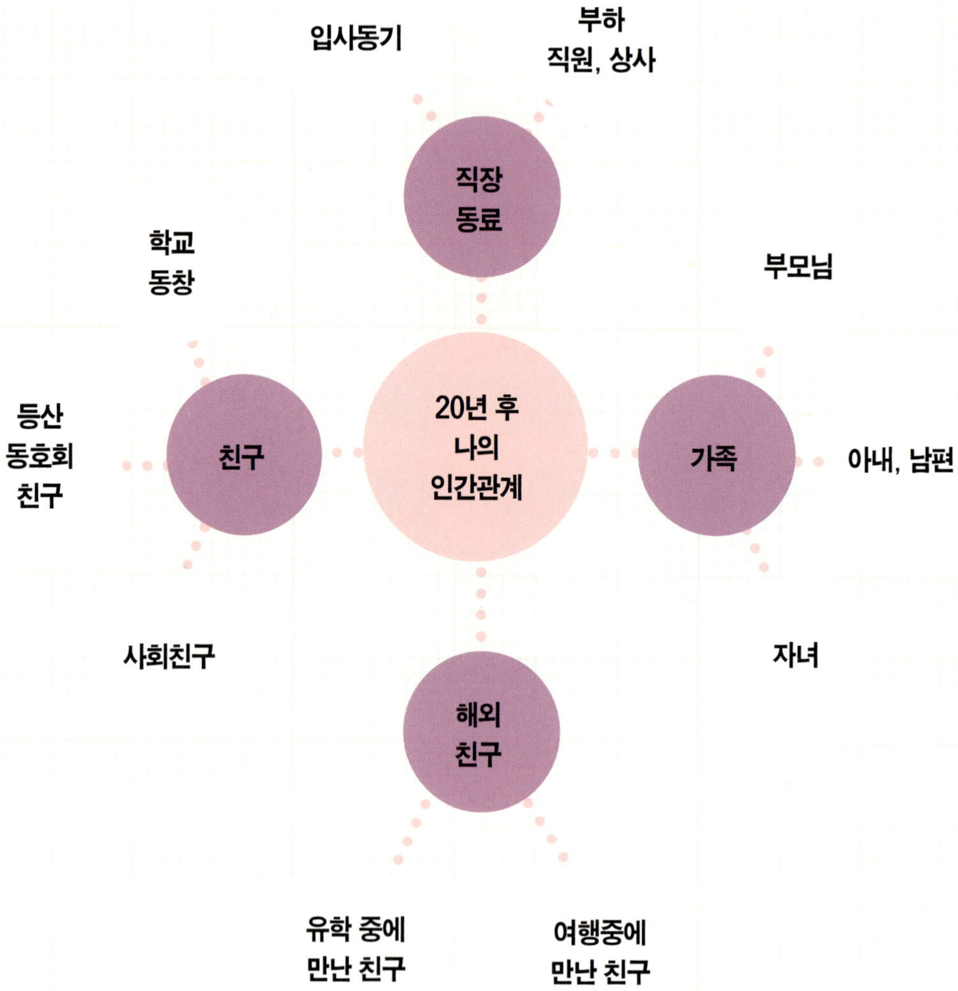

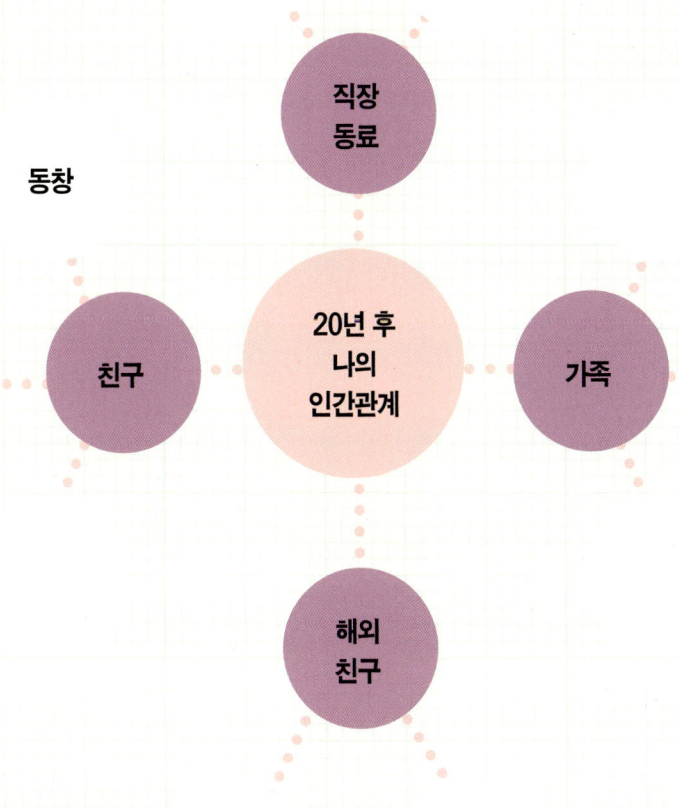

동창

직장
동료

친구

20년 후
나의
인간관계

가족

해외
친구

2 '나'의 미래를 위한 목표 세우기

20년 후를 향한 목표를 세워 보자.

주위에 보면 가끔 노력 없이 무언가를 바라고 꿈꾸는 사람들이 있어. 노력도 하지 않고 좋은 성적이 나오기를 기대하거나, 터무니 없는 횡재나 행운이 오기를 바라면서 말이야. 하지만 세상에 공짜는 없는 법이야. 노력없이 얻어지는 것은 아무것도 없어.

어떤 싹을 틔울지는 어떤 씨앗을 심느냐가 결정짓는 것처럼, 미래의 모습을 멋지게 그렸다면 그에 걸맞는 실천과 노력이 자양분이 되어야 하는 거야. 20년 후의 모습을 구체적으로 그려보았으니, 이제 미래의 꿈을 위한 실천 목표를 단기와 장기로 나누어 구체적으로 정리해 보자.

아직도 막연하게 느껴지니? '모든 일은 시작이 반'이라고 하지? 어렵게 생각하지 말고, 먼저 지금부터 먼 미래까지 이루고 싶은 목표를 생각나는 대로 모두 적어 보자. 참, 목표 목록을 작성할 때는 멀리 보고 미래를 설계하되, 작은 것을 놓치지 않는 게 중요해. 그리고 구체적일수록 실천 가능성이 높다는 점도 잊어서는 안 되겠지?

미래에 어떤 싹을 틔울지는 어떤 씨앗을 심느냐가 결정짓는 거야.
그러니 미래의 멋진 모습을 꿈꾼다면, 그에 걸맞는 실천과 노력이
자양분이 되어야겠지?

목표 목록에 들어갈 수 있는 내용

나의 미래 꿈

하고 싶은 일

갖고 싶은 물건

가고 싶은 장소

가고 싶은 학교

도달하고 싶은 성적

읽고 싶은 책

닮고 싶은 사람

배우고 싶은 취미 활동

해야 할 운동

나의 목표 목록 만들기 : 예시 :

외교관 되기	외교관에 대해 알아보기	영어 잘하기	신문 읽기
환경 분야 책 읽기	다양한 경험 쌓기	운동과 건강	일찍 일어나기
성적 올리기	봉사활동	세계 여행	자신감 갖기
세계 여러 나라 이해하기	발표 잘하기	생활계획표 만들기	역할 모델 정하기
시간 아껴쓰기	매일 한 시간 이상 독서하기	부지런해지기	용돈 아껴쓰기
매일 매일 나의 '꿈' 확인하기	집중력 키우기	해외 친구 만들기	외교통상부 견학 프로그램 참가하기

목표 목록을 나열해 보았다면, 지금부터는 목표 목록을 장기 목표와 중기 목표, 단기 목표로 분류하는 작업이 필요해. 그 다음은 분류한 목표를 이룰 수 있는 세부적인 실천 사항에 대한 계획표를 작성해야겠지?

장기 목표	중기 목표	단기 목표
• 외교관 되기 • 봉사활동 • 세계 여행 • 운동과 건강 • 신문 읽기	• 환경분야 책 읽기 • 영어 잘하기 • 다양한 경험 쌓기 • 봉사활동 • 세계 여행 • 운동과 건강 • 성적 올리기 • 일찍 일어나기 • 신문 읽기 • 세계 여러 나라 이해하기 • 발표 잘하기 • 매일 한 시간 이상 독서하기 • 집중력 키우기 • 해외 친구 만들기	• 외교관에 대해 알아보기 • 외교통상부 견학 프로그램 참가하기 • 영어 잘하기 • 다양한 경험 쌓기 • 봉사활동 • 운동과 건강 • 성적 올리기 • 역할 모델 정하기 • 자신감 갖기 • 일찍 일어나기 • 신문 읽기 • 발표 잘하기 • 생활계획표 만들기 • 시간 아껴쓰기 • 매일 한 시간 이상 독서하기 • 환경분야 책 100권 읽기 • 부지런해지기 • 집중력 키우기

나의 목표 단계별 분류하기 : 실전 :

장기 목표	중기 목표	단기 목표

단계별 목표 실천 계획 세우기 : 예시 :

일일 목표 실천 계획

목표	내가 해야 할 일
● 독서	영국의 수필가 에디슨은 '책은 위대한 천재가 인류에게 남긴 유산'이라고 했다. 매일 매일 독서를 거르지 않고 한 시간 이상 독서를 하면서 많은 지혜를 터득할 것이다.
● 공부 －학교와 집, 학원	나는 아직 학생이다. 공부가 나를 힘들게 하기도 하지만, 당연히 해야 하는 일이니 즐기며 하자. 공부를 열심히 해서 성적을 올리는 것은 꿈을 이루기 위해 지금 내가 반드시 실천해야 할 일이다.
● 운동 － 집 근처 걷기	체력은 국력이다. 매일 매일 운동을 게을리하지 않아야 건강해지고, 공부도 열심히 할 수 있고, 그래야 내가 하고 싶은 일도 더 잘 할 수 있다.
● 신문 읽기	내 주변뿐만 아니라 세상의 다양한 소식에 귀기울인다. 미래의 꿈을 위해 내가 살아가는 세상 곳곳에서 일어나는 일들에 대해 알아보고, 세상을 보는 눈을 키운다.
● 생활계획표 만들기	목표를 향해 나아가기 위해 계획표를 세우고, 스케줄을 꼼꼼하게 관리한다.

단기 목표 실천 계획

목표	내가 해야 할 일
● 외교관에 대해 알아보기	틈나는 대로 인터넷 검색이나 책 등 다양한 방법을 통해 외교관의 역할과 외교관이 되기 위해서는 어떤 준비와 노력이 필요한지 알아본다.
● 외교통상부 견학 프로그램 참가하기	외교통상부 홈페이지에서 견학 프로그램에 대한 내용과 일정을 확인하고 신청한다.
● 영어 잘하기	영어를 잘하는 비법에 대해 다양한 조언을 듣고, 계획을 세워 공부를 시작한다.
● 성적 올리기	과목별, 단계별 공부 계획과 목표를 세우고, 성적을 올린다.
● 자신감 갖기	자신에 대한 확신을 갖기 위해 늘 할 수 있다는 긍정적인 마음을 갖고, 부끄러움을 극복하기 위해 노력한다.
● 일찍 일어나기	늦잠 자는 습관을 고치고, 일찍 일어나는 연습을 한다.
● 시간 아껴쓰기, 집중력 키우기	시간을 최대한 아끼고, 집중해서 효율적으로 활용한다.

중기 목표 실천 계획

목표	내가 해야 할 일
● 환경분야 책 100권 읽기	기후대사가 되기 위해서는 환경에 대해 알아야 한다. 독서는 가장 쉽게 실천할 수 있는 일이면서 가장 확실한 방법이다. 1년 동안 환경 관련 추천 도서를 찾아, 100권 이상 읽는다.
● 다양한 경험 쌓기	외교관이 되어 세계를 무대로 활동하기 위해서는 다양한 경험을 통해 생각을 키우고 문제 해결력을 키워나가는 일이 필수이다.
● 봉사활동	인도의 민족운동 지도자인 간디는 '보상을 구하지 않는 봉사는 남을 행복하게 할 뿐 아니라 우리 자신도 행복하게 한다'고 했다. 꿈을 이루어 인류를 위해 봉사하는 자세로 임하기 위해 봉사활동을 생활화한다.
● 세계 여행	'세상은 아는 만큼 보인다'고 했다. 세계 여행을 통해 경험과 견문을 넓힌다. 세계 여행을 위해 지금부터 필요한 돈을 저축하고, 가고 싶은 나라와 순서를 정한다.
● 발표 잘하기	대중 앞에서 설득력 있게 자신을 표현하는 연습을 한다. 거울을 보고 연습하거나, 가족이나 친구들 앞에서 생각을 표현하는 기회를 자주 갖는다.

목표	내가 해야 할 일
● 외교관 되기	• 외국어 공부를 열심히 하여 세계인들과 의사소통의 벽을 허문다. • 다양한 독서와 경험을 통해 세계를 이해하고, 세계의 문제를 알아본다. • 외무 고시에 합격한다. • 다양한 세계 친구들을 사귄다. • 봉사활동을 통해 글로벌 리더로서의 자질을 키운다. • 세계 소식에 관심을 갖고 앞선 생각을 갖는다. • 역할 모델을 정하고, 배울 점을 찾아 꾸준히 단련한다.

현재부터 먼 미래까지 이루고 싶은 목표를 생각나는 대로 모두 적다 보면, 훨씬 더 자신의 꿈이 가깝게 느껴질 거야. 목표 목록을 작성할 때는 멀리 보고 미래를 설계하뇌, 삭은 것을 놓치지 않는 게 중요해. 그리고 구체적일수록 실천 가능성이 높다는 점을 잊지 마.

목표 목록에 들어갈 내용은 이렇게 생각해 봐. 먼저, 꿈과 관련된 목표를 떠올려봐. 두 번째, 큰 목표를 이루기 위해 실천할 작은 목표들은 어떤 것들이 있을지 생각해 봐. 그리고 마지막으로, 작은 목표를 이루기 위한 매일 매일 실천 과제들을 떠올리며 정리해 보는 거야.

단계별 목표 실천 계획 세우기 : 실전 :

일일 목표와 실천 계획

목표	내가 해야 할 일

단기 목표 실천 계획

목표	내가 해야 할 일

중기 목표 실천 계획

목표	내가 해야 할 일

장기 목표 실천 계획

목표	내가 해야 할 일

기간	목표	내가 해야 할 일
장기 (10년 ~ 20년 후)	• 외교관 되기	외무 고시에 합격한다.
중기 (3 ~ 5년 후)	• 다양한 분야 책 읽기 • 세계 여행 • 봉사활동	다양한 경험을 쌓고, 봉사 활동을 생활화한다.
단기 (3개월 ~ 1년 후)	• 외교관에 대해 알아보기 • 외교 통상부 견학하기 • 영어실력 키우기 • 성적 올리기	외교관에 대해 알아보고, 외교관이 되기 위해 필요한 것들을 구체적으로 준비한다.
1개월	• 환경분야 독서 5권 읽기 • 영어 레벨 한 단계 올리기	영어 실력을 키우고, 꿈과 관련된 분야의 독서를 한다.
이번 주	• 독서 • 영어 공부 • 과목별 공부	매일 한 시간씩 독서를 하고, 영어와 과목별로 성적 향상을 위해 공부하다
오늘	• 목표 정하기 • 생활계획표 만들기	꿈을 이루기 위해 필요한 세부 항목들을 정하고, 실천한다.

기간	목표	내가 해야 할 일
장기 (10년 ~ 20년 후)		
중기 (3 ~ 5년 후)		
단기 (3개월 ~ 1년 후)		
1개월		
이번 주		
오늘		

3  '나'의 목표 실천 전략 세우기

꿈을 실현하기 위한 실천 전략을 세워 보자.

독일의 철학자 니체는 '언젠가 날기를 원한다면 먼저 일어서고, 걷고, 달리고, 기어
오르고, 껑충거리는 것을 배워야 한다. 준비 없이 날 수 있는 사람은 없다.' 는 말을 했
단다. 먼 미래를 향한 목표를 세우고, 세부적인 목표를 정했다고 해서 여기서 끝나서
는 안 되겠지? 이제 비로소 본격적인 꿈을 향한 도전의 준비라고 봐야 해. 앞으로 꿈을
향한 멋진 비행을 위해서 어떤 준비를 어떻게 해야 할지 함께 하나 하나 살펴볼까?

우선 단기 목표와 일일 목표를 점검해 보는 일부터 시작해. 내가 목표를 이루는 데
방해 요인이 되는 것들은 어떤 것들이 있는지, 방해물이 등장했을 때 어떻게 해야 할
지 생각해 봐. 그리고 지금 가장 자신 없는 일은 무엇인지, 자신 없는 이유는 무엇인
지, 잘 할 수 있는 방법은 어떤 것들이 있는지부터 점검해 본다면 어렵지 않을 거야.

꿈을 시각화해 보자.

꿈이 현실이 되기 위해서는 자기만의 비결과 노력이 있어야 해. 그런데 노력에
앞서서 꿈을 현실로 만들기 위해서는 늘 긍정적인 자세로 자신을 믿고, 꿈을 시각
화해 보는 게 필요해. 언제나 보이는 곳에 꿈의 목록을 붙여두고 매일 매일 확인하
는 일을 게을리하지 마. 자신의 꿈과 관련된 사진이나 그림을 보이는 곳에 붙여두
는 것도 좋은 방법이지. 마음 속으로 생각하는 일을 시각화하면 성공할 확률이 훨

씬 더 높아지고, 이미 성공한 모습을 마음 속으로 생생하게 그리는 습관은 목표를 달성하는 아주 유력한 수단이 될 수 있단다.

그뿐만 아니라 꿈이 이루어진 자신의 모습을 상상하면서, 매일 수차례 큰소리로 소리내어 반복해서 꿈을 말하는 것도 효과가 이미 입증된 방법이란다. 예를 들어 곤충학자가 되고 싶다면 "나는 반드시 세계적인 곤충학자가 될 거야."를 틈날 때마다 반복해서 말해 보는 거지.

그런가 하면 자신의 꿈과 관련된 장소에 직접 찾아가서 마치 꿈이 실제로 이루어진 것처럼 행동하는 것도 매우 효과가 크다고 해. 예를 들어 영화배우나 감독이 되고 싶다면 직접 충무로에 가서 실제로 자신이 영화 배우인 것처럼, 또는 감독인 것처럼 행동해 보는 것도 좋겠지? 너무 터무니 없다고 생각할 수도 있지만 실제로 그런 실천이 성공으로 이어진 사례가 적지 않게 있단다.

물론 그렇다고 무턱대고 이런 식의 방법으로 노력없이 꿈만 꾸라는 얘기는 아니야. 어렵고 힘들어 보이는 일일수록 도전정신을 가지고 꿈을 구체화시키면, 누구든 꿈을 이룰 수 있다는 얘기지. 그리고 꿈을 구체화시킬수록 그 꿈은 실현될 가능성이 커지는 법이야.

그런데 요즘 너무 일찍 꿈을 포기하는 친구들이 많아서 안타까워. 성공의 기준을 지나치게 성적에만 두어서 그런 게 아닌가 싶어. 청소년기에는 성적도 중요하지만 그보다 중요한 것은 자신이 할 수 있는 일, 하고 싶은 일을 찾아내는 게 우선 아니겠니?

아무리 불가능해 보이는 목표라도 간절히 원하고, 꿈꾸면 그 목표를 달성하게 해주는 초인적인 내면의 힘이 생겨난단다. 그러니 성적이 나쁘다는 이유로 너무 일찍 포기하고 좌절하는 것은 금물이야. 대신 자신에게 맞는 공부를 찾고, 목표를 세워 보는 거야. 그리고 그 분야에서 최고가 되기 위한 목표를 정하고, 앞에서 말한 다양한 방법으로 자신의 꿈을 좀더 생생하게 그려보고, 구체화시켜 봐.

20년 후, 꿈 실천 전략 세우기 : 예시 :

① 나의 하루 평가하기

잘한 점	반성할 점
오늘 읽기로 계획한 책을 정해 놓은 분량만큼 다 읽었다. 계획표대로 공부와 신문 읽기까지 모두 잘 마무리했다.	매일 운동을 하기로 마음 먹었는데, 잠깐 TV를 보느라 운동을 하지 못했다.

② 목표를 이루는 데 방해요인이 되는 것

잠깐의 나태와 게으름 때문에 100% 만족할 만큼의 목표 달성을 하지 못했다.

③ 목표를 이루는 데 방해요인 극복하기

- 게으름을 극복하기 위해서는 마음 속의 각오를 늘 새롭게 다지고 게으름을 피우고 싶을 때마다 꿈 목록을 펼쳐본다.
- TV 유혹에서 벗어나기 위해 당분간 TV가 없는 도서관을 자주 이용하여 점점 TV로부터 마음이 멀어지게 한다.

④ 자신없는 일과 그 일을 잘 할 수 있는 방법

매일 매일 계획표대로 생활하는 게 자신이 없다.

그동안 계획 없이 대충 생활해오다 보니 계획 없는 생활이 습관이 되었다. 잘 보이는 곳에 계획표와 나의 꿈 목록을 붙여두고 시간이 날 때마다 확인하고 큰 소리로 말해서 좋은 습관을 만들어간다.

20년 후, 꿈 실천 전략 세우기 : 실전 :

① 나의 하루 평가하기

잘한 점	반성할 점

② 목표를 이루는데 방해요인이 되는 것

③ 목표를 이루는데 방해요인 극복하기

④ 자신 없는 일과 그 일을 잘 할 수 있는 방법

20년 후, 꿈을 시각화하기 : 예시 :

목표를 잃지 않기 위해 보이는 곳에 늘 나의 꿈과 관련된 사진이나 그림, 문구를 붙여두고 확인해 보자.

세계를 내 품에~

HOTEL

책으로 꿈꾸기

스케줄 관리 꼼꼼~

시간 관리 철저~

영어는 나의 힘~

A B C

20년 후, 꿈을 시각화하기 : 실전 :

4 ‘나’의 역할 모델과 멘토 정하기

역할 모델이 필요해!

　나폴레옹, 에디슨, 헬렌 켈러, 카이사르, 링컨, 스티브 잡스, 세종대왕, 마틴 루터 킹, 넬슨 만델라, 마더 테레사, 오프라 윈프리, 이순신, 김대중, 김수환 같은 인물들의 공통점은 뭘까?

　사람들에게 가장 존경하는 인물이 누구냐고 물었을 때, 가장 많이 답하는 인물들이면서 누구나 한 번쯤은 들어봤을 법한 이름이야. 그리고 세상의 많은 사람들에게 영향을 준 인물이기도 하지. 그렇다면 이 사람들을 많은 사람들이 존경하는 이유는 뭘까? 그건 바로 이 사람들의 삶을 통해 우리가 많은 것을 느끼고 배우면서 발전할 수 있기 때문일 거야. 이 사람들은 사람들에게 성공한 인생의 모델이 되기도 하는데, 이들의 삶을 들여다 보면 참으로 순탄치 않은 삶이었다는 공통점이 있어. 세상에는 하루 아침에 그저 운이 좋아서 성공한 사람은 없단다. 남들이 보기에 그저 순탄해 보이는 성공가도를 달려온 듯한 사람에게도 알고 보면 부단한 노력과 자신만의 아픔이나 의지가 숨어 있기 마련이지. ‘뜻이 있는 곳에 길이 있다’ 는 말은 성공한 사람들에게는 모두 통하는 얘기일 거야.

　성공한 사람들의 삶을 자세히 들여다 보면 많은 것을 배울 수 있을 거야. 특히 결과 보다는 성공한 인물 들이 성공을 향해 나아가는 과정을 관심있게 보면 좋을 거야.

앞에서 많은 위인들, 성공 모델에 대한 얘기를 했는데, 이제 목표 세우기에 이어 본격적으로 나의 먼 미래의 꿈을 실현시키기 위한 다음 단계의 전략을 소개할게. 내가 성장하고 발전하기 위해서는 내가 본보기로 삼을 만한 역할 모델을 정하는 게 필요해.

지금은 너무 멀고 힘들어 보이는 길이라도, 앞서 간 사람이 있다면 어렵지 않을 거야. 아무리 어려운 길, 불가능해 보이는 고지라도 반드시 그 일을 해내는 사람은 있기 마련이거든. 그런 사람들을 보면서 '나라고 못할 게 뭐 있나?'라는 긍정적인 생각과 도전정신을 키워볼 수 있겠지?

흔히 많은 사람들이 쉽게 해내기 힘든 일을 해내는 사람을 보면 인간승리라는 표현들을 하지? 그런데 비슷한 능력을 가지고도 어려운 일을 성취해 내는 사람과 그렇지 못하는 사람의 차이는 그 일을 대하는 사람의 태도에 달려 있어. '천 리 길도 한 걸음부터'라는 말을 가슴에 새기면서 한 발 한 발 발을 떼는 사람과, 천 리 길을 가려면 너무 힘들 거라는 생각으로 도전하기도 전에 포기부터 하는 사람의 결과는 너무도 뻔한 거 아니겠니?

멋진 꿈을 반드시 실현해 보고 싶다면, 나의 꿈과 비슷한 분야에서 성공을 했거나, 의미 있는 인생을 살아가고 있는 사람을 통해 인생의 목표나 가치관에 대해 배울 점을 찾아내고, 성공 전략과 방법을 따라해 보는 게 중요해.

역할 모델을 정하는 이유는 그들의 삶에서 배울 점을 찾기 위해서야. 나의 꿈과 비슷한 분야에서 성공을 했거나, 의미 있는 인생을 살아가고 있는 사람을 통해 인생의 목표나 가치관, 성공전략과 방법을 따라해 보는 게 중요해.

역할 모델을 꿈과 연결해 보자.

　　역할 모델은 누구든 될 수 있어. 그리고 역할 모델이 꼭 한 사람일 필요는 없어. 여러 사람이 지닌 장점을 찾아내서 다양한 본보기로 삼을 수 있으니까. 각 인물에게서 구체적으로 배우고 싶은 점을 골라 역할 모델 모자이크를 만들어 보는 거야.

　　세계 인물 가운데서도 생각해 보고, 우리나라의 위인들 가운데서도 생각해 봐. 그리고 역사 속 인물과 현재 인물을 모두 떠올려 봐. 그들에게서 어떤 점을 배울 수 있을지, 과연 그들을 위인으로 만든 힘은 어디에 있는지 말이야. 역할 모델을 정하기 위해서는 우선 내가 역할 모델로 삼고 싶은 인물들에 대해 제대로 알아야 해. 그 인물에 대해 철저히 조사해서 그 사람의 생애, 가치관, 업적 등에 대해 알아봐. 그러기 위해서는 위인전을 많이 읽어보아야겠지? 물론 책이 아니고도 영화나 다큐멘터리 프로그램 등 다양한 방법으로도 위인을 접할 수 있어. 어떻게든 인물 이야기를 접하면서 감탄도 하고, 닮고 싶다는 마음이 저절로 우러나게 될 때, 마음에 작은 파문이 일게 될 거야. 바로 그때를 놓치면 안 돼. 시간이 지나면 감동은 무뎌지고 잊혀지게 되거든. 그러니 역할 모델로 삼고 싶은 인물이 정해졌으면, 인물에 대한 이야기를 접하고 나서 생생한 느낌이 사라지기 전에 어떤 인물인지, 어떤 점을 배우고 싶은지 너만의 꿈의 노트에 정리해 보는 거야.

　　역할 모델로 삼고 싶은 인물에 대한 이야기를 접하고 난 뒤, 생생한 느낌이 사라지기 전에 바로 인물에게서 배울 점을 너만의 꿈의 노트에 정리해 봐.

10명 이상 선택하기

- 경영인, 정치인, 과학자, 학자, 세계 지도자, 인권운동가 등
- 가치관, 외모, 성격, 리더십, 지식, 능력, 인간성, 인간관계 등

각 인물들에게서 어떤 점을 배우고 싶은지 구체적으로 생각하기

인물에 대해 배울 점을 체계적으로 정리하기

역할 모델에 대해 정리한 내용을 눈에 보이는 곳에 두고 소리내어 읽기

꿈을 이룬 후의 모습을 상상하여 마음 속에 그려 보고, 성공한 인물이 되었다고 가정하여 역할 모델에게 감사의 편지 써보기

역할 모델 모자이크 하기 : 예시 :

나의 역할 모델 1

인물 이름 : 나폴레옹

- **인물 소개 :** 나폴레옹은 영웅이자 정복자로 인류 역
  사상 가장 위대한 인물 중 한 사람이다. 나폴레옹은
  뛰어난 분석력과 집중력을 지닌 인물로 전쟁터에서
  까지 책을 읽었다고 한다.
- **배우고 싶은 점 :** 단호한 결단력, 굳은 의지, 뛰어난
  웅변력 등 통솔력을 배우고 싶다. 나폴레옹이 남긴 명
  언도 기억하고 싶다. '내 사전에 불가능이란 없다.'

나의 역할 모델
1

나의 역할 모델 2

인물 이름 : 에디슨

- **인물 소개 :** 미국의 발명가. 특허수가 1,000종을 넘
  을 정도로 많은 발명을 하였고 특히 전구를 발명해
  세상을 밝혔다. 전구실험 중에 발견한 '에디슨 효
  과'는 20세기 들어와 진공관에 응용되어 전자공업
  발달의 바탕이 되었다.
- **배우고 싶은 점 :** '천재는 99%의 노력과 1% 영감
  으로 이루어진다.'는 명언을 남긴 에디슨은 자신이
  남긴 명언과 삶이 일치하는 인물이다. 분세아에 열
  등생 취급을 받던 아이였지만, 인류를 밝힌 발명왕
  이 되었다. 디트로이트 도서관을 통째로 읽은 독서
  력과 탐구심을 배우고 싶다.

인물 이름 : 링컨

- **인물 소개 :** 미국의 제16대 대통령(1809~1865). 남북 전쟁에서 북군을 지도하여 1862년 민주주의의 전통과 연방제를 지키고 1863년 노예 해방을 선언하였다.
- **배우고 싶은 점 :** 링컨 대통령의 실패를 이겨내지 않는 오뚝이 정신을 본받고 싶다. 선거에서 실패할 때마다 음식점에서 맛있게 음식을 먹고, 이발소에서 용모를 말끔히 하면서 '나는 다시 시작했다'고 선포했다고 한다. 링컨 대통령은 정식 교육을 받지 않 았는데도 독서의 힘과 좌절하지 않는 정신으로 대통령의 자리에까지 올랐고, 노예 해 방으로 미국의 분열을 막았다.

인물 이름 : 에스티 로더

- **인물 소개 :** 20세기 가장 성공한 여성 중 한 명으로, 가난뱅이에서 자신 의 이름을 딴 '에스티 로더'라는 세계적인 화장품 회사를 세운 주인공 이다. 가난에서 벗어나기 위해 성공한 사람들을 철저히 연구하였고, 마 침내 꿈을 이루었다.
- **배우고 싶은 점 :** 늘 자신의 꿈을 긍정적으로 상상하면서 상상을 현실로 만든 인물이다. 가난한 처지를 비관하지 않고, 성공한 미래를 확신하는 긍정적인 자세와 자신감을 배우고 싶다.

나의 역할 모델 5

인물 이름 : 정약용

- **인물 소개** : 조선시대 실학을 집대성한 학자로 실천하는 지식인이다. 많은 책을 읽고, 많은 책을 집필한 인물로, 수원 화성을 건축할 때 거중기를 만들어 막대한 건축 비용과 시간을 절감했다.
- **배우고 싶은 점** : 자신이 알고 있는 지식이 백성들의 삶에 유용하게 쓰일 수 있도록 노력했다. 백성의 삶을 마음으로 이해하려 하고, 몸소 실천으로 보여 주었다.

나의 역할 모델 6

인물 이름 : 헬렌 켈러

- **인물 소개** : 미국의 작가이자 사회 사업가로 세계 최초의 대학교육을 받은 맹농아자이다. 헬렌 켈러는 미국의 사회복지 사업가로 눈도 보이지 않고, 귀도 들리지 않고, 말도 하지 못하는 삼중의 고통을 극복하고 사회복지를 위해서 생애를 바친 인물이다.
- **배우고 싶은 점** : 신체적 장애를 세상의 희망으로 바꾼 의지와 끈기를 배우고 싶다.

인물 이름 : 워렌 버핏

• **인물 소개 :** 미국의 기업인이자 투자가로 뛰어난 투자실력과 기부활동으로 전 세계 투자가들이 가장 닮고 싶어하는 인물이다. 매일 깨어 있는 시간의 삼분의 일을 독서하며 보낸다. 빌 게이츠와 둘도 없는 친구이며 또한 빌 게이츠의 투자 스승이다. 빌 게이츠도 그에게 투자하는 법에 대한 여러 조언을 많이 듣는다고 한다.

• **배우고 싶은 점 :** 세계 최고의 부자이면서도 겸손한 자세와 늘 독서하는 모습, 그리고 기부활동을 본받고 싶다.

인물 이름 : 김대중

• **인물 소개 :** 우리나라 15대 대통령으로 평생을 민주화 운동에 몸담아왔다. 덕분에 '아시아에서 가장 영향력있는 지도자 50인' 중 공동 1위에 선정되기도 했다. 한반도 냉전 과정에서 상호불신과 적대관계를 청산하고 평화를 향한 새로운 장을 여는 데 크게 기여한 공로로 2000년 노벨평화상을 받았다.

• **배우고 싶은 점 :** 포용력있는 따뜻한 리더십을 배우고 싶다.

나의 역할 모델 9

인물 이름 : 안철수

• **인물 소개** : 우리나라에서 존경받는 지성인 중 대표적 인물이다. 서울대 의대 박사 출신으로 대학 시절에 혼자서 독학으로 프로그래밍을 독파하여, 세계 최고 바이러스인 브레인을 퇴치하기 위해 V3 백신을 개발했다. 무려 7년 동안 낮에는 의사로 일하면서 밤에는 백신을 개발하여 국민들에게 무료로 보급한 인물이다.

• **배우고 싶은 점** : 자신이 가진 지식과 재능을 자신만의 이익이 아닌 사회를 위해 나누는 마음에 감동했다. 나도 나중에 훌륭한 사람이 되면 반드시 안철수 아저씨처럼 재능과 지식을 나누는 사람이 되고 싶다.

**나의 역할 모델
3**

인물 이름 : 오프라 윈프리

- **인물 소개 :** 흑인에다 가난하고 불행하던 어린시절을 지내왔지만, 오늘날 세계적으로
성공한 여성 중 하나로 손꼽힌다. 어려운 환경에도 불구하고 끊임없는 독서로 성공할
수 있었다고 한다.

- **배우고 싶은 점 :** 현실의 어려움을 극복하고 세계인을 감동시킨 오프라 윈프리의 독
서하는 자세와, 포기하지 않는 열정을 배우고 싶다.

인물 이름 : 김성주

- **인물 소개 :** 성주그룹 회장으로 맨손으로 시작해 연매출 2100억 원 안
팎의 글로벌 명품 브랜드 MCM을 인수해 '명품CEO'로 거듭난 인물이
다. 재벌가의 딸로 태어났지만, 주어진 '편안한 삶'을 뒤로 한 채 자신의
인생을 스스로 개척한 인물이다.

- **배우고 싶은 점 :** 뚜렷한 목표를 가지고 끊임없이 도전하는 자세가 참
멋지다. 게다가 전 재산을 사회에 환원하고 명예롭게 은퇴할 거라니, 감
동적인 인생의 주인공이라 생각한다.

역할 모델 모자이크 하기 : 실전 :

인물 이름 :

• 인물 소개

• 배우고 싶은 점

나의 역할 모델

인물 이름 :

• 인물 소개

• 배우고 싶은 점

인물 이름 :

• 인물 소개

• 배우고 싶은 점

인물 이름 :

• 인물 소개

• 배우고 싶은 점

인물 이름 :

• 인물 소개

• 배우고 싶은 점

인물 이름 :

• 인물 소개

• 배우고 싶은 점

'나'만의 멘토를 정해 보자.

　　멘토는 현명하고 신뢰할 수 있는 상대로 한 사람의 인생을 이끌어 주는 지혜로운 지도자를 말해. 꿈을 이루고 멋진 인생을 살아가는 데 필요한 역할 모델을 정해봤으니, 이번에는 나를 이해해 주고 고민을 들어줄 수 있는 상담자이자, 인생의 안내자가 되어줄 멘토를 만들어 보자. 멘토도 역할 모델과 비슷한 면이 있지만 멘토는 실제로 삶에 도움을 줄 수 있도록 가까운 곳에서 만날 수 있거나, 통화를 할 수 있거나, 메일을 주고받을 수 있는 관계면 좋겠지?

　　멘토에도 다양한 유형이 있어. 그래서 멘토를 정할 때는 지금 나에게 가장 부족한 부분이 어떤 점인지를 깨닫고, 나의 부족한 부분을 채워주고 이끌어 줄 수 있는 사람이 어떤 사람일지를 생각해 보는 거야. 지금 나에게 필요한 존재는 나태함에 자극이 되어줄 수 있는 사람인지, 용기가 필요할 때 묵묵히 지켜봐 주고, 격려해 줄 수 있는 사람인지, 내 속의 숨은 잠재력을 끌어올려 줄 수 있는 사람인지, 지식과 지혜를 줄 수 있는 사람인지, 날카롭게 나의 잘못을 지적해 줄 수 있는 사람인지 말이야.

> 멘토에도 다양한 유형이 있어. 멘토를 정할 때는 지금 나에게
> 가장 부족한 부분이 어떤 부분인지를 깨닫고, 나의 부족한 부분을
> 채워주고 이끌어줄 수 있는 사람이 어떤 사람인지를 생각해 봐.

나의 멘토 정하기 : 예시 :

　　나는 지금 별다른 꿈이 없어. 학교 성적도 좋지 않고, 특별히 잘하는 것도 없거든. 물론 나도 어릴 때는 되고 싶은 것도 많았고, 하고 싶은 것도 많았어. 그런데 청소년기에 접어들면서 꿈이 점점 사라지기 시작했지. 성적이 나쁘면 내가 원하는 것을 할 수 없을 거라는 생각이 들었고, 꿈을 생각할 때마다 성적이 떠올라서 모든 의욕이 사라지고 오히려 우울해지곤 했어. 그런데 얼마 전 내 인생의 전환점이 되어 주었다고 할 만한 위인전 한 권을 읽게 되었어. 뒤늦게 깨달음을 얻었다고나 할까.

　　고등학교 때까지 학교 성적은 늘 꼴등에서 벗어나지 못했던 인물이 역사와 고전 읽기를 게을리하지 않았던 힘으로 결국 영국 수상, 노벨문학상 수상 작가, 역사가, 화가 등 세계 최고의 인물이 된 처칠의 이야기가 내 마음을 사로잡았어.

　　어릴 때 위인전을 읽을 때는 특별한 느낌을 받지 못했는데, 최근에 다시 읽은 처칠의 이야기는 나의 마음을 움직이는 힘이 되었지.

　　나에게 이 책을 추천해 준 사람은 바로 우리 이모야. 이모와는 어릴 때부터 늘 마음이 잘 통했고, 내가 고민이 있을 때도 늘 용기를 주고 슬기롭게 극복할 수 있는 방법도 제시해 주셨어. 나에게 이모는 최고의 멘토라고 할 수 있지. 앞으로 나는 이모와 함께 감동과 깨달음을 주는 좋은 책들도 나의 멘토로 삼기로 했어. 물론 책과 대화를 나눌 수는 없지만 책 속에 담긴 지혜와 깨달음이 내가 힘들 때 힘이 되어 주고, 때로는 문제 해결의 좋은 방법을 제시해 줄 수도 있다고 생각해.

나의 멘토 정하기 : 과정 :

1 나에게 가장 필요한 멘토는 누구인가?
(내 주변에 있는 인물들을 하나하나 모두 떠올려 보기)

2 주변 인물 가운데서 나의 가장 부족한 부분이나 장점을 가장 잘 이끌어 줄
수 있는 최적의 인물 정하기

3 앞으로 멘토에게 어떤 방법으로 조언을 구하고, 어떤 도움을 받고 싶은지
생각해 보기

4 멘토를 통해 앞으로 이렇게 성장하고 싶은지 정리하기

나의 멘토 정하기 : 실전 :

나의 지금 상태는 _____

_____

나의 멘토가 되어 줄 사람은 _____

_____

나와의 관계는 _____

앞으로 멘토를 통해 나는 _____

_____

_____

_____

_____

_____

진로 설계하기

미래 '비전'을 제시하는 진로 설계하기

'비전'과 '진로'의 의미를 알아보자.

'비전'이란, 바람직하고 이상적인 미래에 대한 정신적인 모델을 말해. '비전'은 우리로 하여금 미래에 대한 꿈을 꾸게도 하고, 자신을 발전시키는 원동력이 되어주기도 해. '비전'을 바탕으로 미래를 설계하기 위해서는 우선 자신의 진로에 대해 진지하게 생각하는 시간이 필요해. 진로(Career)는 '수레가 따라다니는 길을 따라 간다(to roll along on wheels)'라는 말을 의미하는 'carro'를 어원으로 하고 있어. 여기서 시작된 진로(Career)라는 말은 일반적으로는 '일이나 직업과 관련한 개인의 총체적 경험'을 의미하는데, 요즘은 개개인의 진로(Career)가 국가 경쟁력이 되기도 해. 그래서 진로(Career) 교육에 대한 중요성과 의미도 날로 커지고 있지. 진로 교육에서 특히 중요하게 여기며 강조하는 세 가지가 있는데, 우선은 개인에게 그 일이 가능한가의 여부를 따지는 일이야(possible). 가능성 다음에는 얼마만큼의 의미가 있는지도 중요하겠지(meaningful). 그리고 무엇보다 그 일을 통해 개인이 얻을 수 있는 만족도도 지나칠 수 없는 문제야(satisfying).

진로 선택에서 중요한 점은
첫째, 개인에게 그 일이 가능한가의 여부를 따지는 일이야. 둘째, 가능성 다음에는 얼마만큼의 의미가 있는지 생각해 봐. 셋째, 그 일을 통해 개인이 얻을 수 있는 만족도는 어느 정도 인지를 따져봐.

진로(Career)는 청소년기에 자신의 비전을 제시하고 미래를 설계하는 일이면서, 개인의 생계 유지뿐만 아니라 사회 유지와 발전에도 공헌하는 아주 중요한 부분이야. 무엇보다 진로(Career)야말로 개인의 자아 실현에 절대적인 영향을 미친다는 사실이야. 개인의 행복을 좌우하는 결정적인 요소이면서 사회 발전의 큰 동력이 되기도 해. 더 나아가서는 국가의 경쟁력까지도 국민 한 사람 한 사람이 얼마나 적합한 진로(Career)를 탐색하고 선택하느냐에 달려 있다고 볼 수 있어. 특히 무한한 가능성을 담보로 갖고 있는 청소년기는 자신의 진로(Career)를 선택할 수 있는 폭이 훨씬 더 다양한 시기라고 할 수 있어. 그러니 사회 구성원의 한 사람으로서 자신의 가치를 십분 발휘할 수 있는 멋진 진로(Career)를 설계하는 일에 열과 성을 다해 노력을 기울여야겠지?

　　진로(Career)는 개인의 생계 유지뿐만 아니라 사회유지와 발전에도 공헌하며, 개인의 행복을 좌우하는 결정적인 요소라고 할 수 있어. 개인이 자신에게 적합한 진로(Career)를 잘 탐색하고 선택하는 일은 국가의 경쟁력까지 결정짓기도 하지.

'진로설계서'를 왜 작성해야 하는지 알아보자.

　'비전'과 '진로'의 의미에 대해 살펴보면서, 진로를 설계하는 일이 얼마나 우리 삶에서 의미있는 일인지 알게 되었을 거야. 앞에서 정리한 장기 목표가 자신이 인생에서 추구하는 궁극적인 목적지라면, 진로설계서는 자신이 정한 목표를 구체화시킨 설계도 같은 거라고 할 수 있어.

　진로설계서를 작성하려면 우선 자신의 흥미와 적성에 맞는 진로 탐색 과정이 필요해. 진로 탐색 과정을 통해 자신에게 맞는 진로를 선택한 후에는, 자신이 선택한 분야에 대해 다양한 방법으로 조사하고, 면밀히 검토해야 해. 예를 들면 자신이 정한 진로를 구체적으로 실현할 수 있는 방법에는 어떤 것들이 있는지, 그 분야의 전망은 어떤지, 또 그 분야에서 활동하기 위해 필요한 경험이나 이력은 어떻게 쌓아가야 하는지, 그 분야에서 활동하는 사람들은 어떤 사람들인지 말이야. 이때 검토와 조사 내용이 풍부할수록 자신의 진로가 더 뚜렷해지고, 성취할 확률도 그만큼 높아진다는 사실을 기억해. 마지막으로 자신의 진로에 대해 충분히 조사를 했다면, 자신이 선택한 분야에서 앞으로 어떻게 해나갈 것인지 체계를 세우고, 구체적으로 설계를 하면 되는 거야.

진로설계서를 왜 작성해야 하냐고? 진로설계서를 작성하는 과정에서 자신이 선택한 분야에 대해 검토하고 조사를 하다 보면 진로가 더 뚜렷해지고, 성취할 확률도 그만큼 높아지는 법이야.

그런데 진로설계서를 작성해야 하는 필요성을 느끼지 못할 수도 있어. 진로설계서를 작성하지 않는다고 해서 목표가 사라지는 것도 아니고, 당장 눈에 띄는 변화가 나타나는 것도 아니고, 진로설계서를 작성하지 않는다고 해서 크게 문제가 될 것도 없어. 하지만 진로설계서를 작성하는 과정에서 자신이 정한 진로를 탐색하고 구체화시키게 되는데, 그런 과정에서 목표의식이 훨씬 더 뚜렷해지는 경험을 할 수 있을 거야. 그리고 단언하건대, 진로설계서를 작성하는 사람과 작성하지 않은 사람의 미래는 목표 달성이라는 측면에서 큰 차이가 생기게 되어 있어. 똑같은 시간도 시간의 주인이 어떻게 활용하느냐에 따라 가치가 달라진다는 건 너무도 자명한 사실이잖아. 진로설계서를 작성하는 일은 미래를 체계적으로 정리하는 일이면서, 자신에게 주어진 시간을 좀더 체계적이고 효율적으로 관리한다는 의미도 있어. 꿈을 시각화하는 만큼 꿈을 현실에서 이룰 수 있는 확률도 커진다는 얘기는 앞에서 했지? 진로설계서도 그와 연장선상에서 생각해 볼 수 있어. 아무리 멋진 진로 계획을 세웠다고 해도 머릿속에만 있는 진로설계서는 금세 잊어버리기 쉽다는 거야. 게다가 늘 머리로 할 일을 기억하려 하면, 그걸 기억하느라 다른 곳에 정신을 집중하지 못하게 돼. 무엇이든 일단 시각화해 놓으면 그만큼 성취할 확률이 높아진다는 점을 기억해.

진로설계서를 작성하는 일은 엉킨 실타래를 푸는 일과 같아. 복잡하고 막연한 미래를 체계적으로 다듬는 일이니까. 두뇌를 효과적으로 활용하고, 진로를 구체화시켜 실현될 확률을 높이는 데 효과 만점이라고!

자신의 흥미와 적성에 맞는 진로를 탐색해 보자.

요즘은 컴퓨터나 다양한 도서를 통해 혼자서도 얼마든지 진로 탐색이 가능해. '커리어넷 비전'과 같은 인터넷 사이트나 청소년수련원 등의 진로탐색 프로그램을 활용하는 것도 좋고, 주변의 친구나 선배, 어른들에게 조언을 구하는 것도 유익해. 그리고 인턴십 프로그램을 활용해 봐도 좋아. 관심을 갖고 있는 분야의 실제 직장 체험을 할 수 있는 인턴십 프로그램도 많이 있으니, 그런 프로그램을 통해 자신이 좋아하는 것과 싫어하는 것을 구별해 보는 것도 많은 도움이 될 거야.

단, 여기서 가장 중요한 것은 주변의 어느 누구도 아닌 바로 자기 자신이 주인공이라는 사실을 잊으면 안 돼. 반드시 자신의 흥미와 적성에 맞는 진로를 탐색해야 한다는 얘기야. 누구도 우리의 인생을 대신 살아 줄 수는 없는 거잖아. 타인의 의지가 아닌 자신의 의지로 자신이 원하는 일을 선택했을 때, 우리는 그 일을 즐기며 할 수 있는 거야. '천재는 노력하는 자를 이길 수 없고, 노력하는 자는 즐기는 자를 이길 수 없다.'고 하잖아. 열과 성을 다해 자신이 열정적으로 뛰어들 수 있는 진로를 찾는 게 성공의 가장 의미있는 첫 단추가 될 수 있다는 점을 꼭 기억해야 해.

타인의 의지가 아닌 자신의 의지로 자신이 원하는 일을 선택했을 때, 우리는 그 일을 즐기며 할 수 있어. '천재는 노력하는 자를 이길 수 없고, 노력하는 자는 즐기는 자를 이길 수 없다.'는 점을 기억해.

'나'의 진로에 대해 몸으로 느껴 보자.

자신이 선택한 진로에 대해 알아보는 가장 좋은 방법은 자신이 택한 분야의 전문가를 만나 인터뷰를 하거나, 현장에 찾아가 직접 체험하는 거야.

전문가를 인터뷰할 때는 어떤 질문을 할 것인지 미리 철저하게 준비해 가야 해. 인터뷰 준비가 부실하면 기대만큼의 효과를 거둘 수 없어. 관련 분야의 전문가를 만날때는 주변의 소개를 통해 만나볼 수도 있겠지만, 가능하면 번거롭고 어렵더라도 자신이 다양한 방법으로 전문가를 알아보고 찾아본 뒤, 메일이나 전화 연락을 통해 직접인터뷰 요청을 해보는 것도 많은 공부가 될 거야.

경우에 따라서는 직접 체험하는 것이 사실상 불가능한 경우도 있고, 시간이 허락되지 않는 경우도 있어. 그러니 간접 체험을 통해서라도 일단 많은 정보를 수집하는게 중요해. 가장 쉬운 방법은 인터넷을 통해 자료를 수집하는 거겠지? 그리고 도서관이나 서점에 가서 관련 분야의 도서를 찾아 읽는 것도 좋은 방법이야. 관련 분야에 종사하는 인물 가운데 성공사례를 찾아보거나, 자신의 진로를 구체화시키기 위해 필요한 준비에는 어떤 것들이 있는지 두루두루 살펴보는 거지. 신문 기사를 스크랩하는것도 유용한 정보가 될 수 있어. 가능한 방법을 최대한 동원해서 구체적이고 다양한정보를 수집해야 해. 모든 일은 아는 만큼 보이는 법이거든.

자신이 선택한 분야의 전문가를 만나려고 할때는 다소 번거롭고
어렵더라도 주변의 도움을 받지 않고 스스로 만남을 성사시켜 봐.
그 과정에서 예상치 못한 많은 것을 배우고 느낄 수 있을 거야.

'나'의 진로에서 활동하려면 어떤 조건이 필요할까?

진로를 선택했다면 본격적으로 자신이 선택한 진로에서 전문가가 되기 위해서는 어떤 노력이 필요하고, 어떤 과정을 거쳐야 하는지 현실적인 고민을 해봐야 해. 그러기 위해서는 우선 전문가가 되기 위해 반드시 거쳐야 하는 과정과 자격에 대해 알아보는 게 기본이야. 관련된 학과와 진출할 수 있는 분야에 대해서도 폭넓게 조사해 보고, 평균 임금은 어느 정도인지, 그 분야의 전망은 어떤지 분석해 봐야 해. 그리고 그 분야에서 성공하거나 실패한 사례들까지 세분화해서 알아보는 거야.

예를 들어 외교관이 되려면 자국의 이익과 정책을 대변하는 교섭 능력과 국제 정세와 동향을 파악하는 분석 능력, 그리고 각국 정부나 기업인들과의 의사소통 능력을 갖추는 게 필수야. 이런 능력들을 갖추기 위해서는 기본적으로 외국어 공부를 열심히 하고, 평소에 신문 읽기를 생활화해서 국제 정세에 대한 정보를 갖추어야겠지. 대학에서는 정치외교학을 전공해서 전문성을 키우는 것도 방법이 될 수 있어. 그런 다음에는 외무고시에서 합격하기 위해 노력해야겠지.

준비가 구체적이고 세부적일수록 뒤늦게 진로를 잘못 정해 후회한다거나, 바꾸어야 하는 시행착오를 줄일 수 있어. 그리고 준비 과정에서 기대 이상의 많은 것을 배울 수 있을 거야. 그런데 이런 준비를 하다 보면 가끔은 '뭐가 이렇게 힘들고 복잡하냐'는 생각이 들 수도 있고, 포기하고 싶은 마음이 들 수도 있어. 하지만 이럴 때 우리가 꼭 지녀야 할 중요한 자세는 지금의 노력이 나의 꿈을 현실로 만들어 주는 첫걸음이라는 처음의 생각을 잊지 않는 거야.

자신의 흥미와 적성에 맞는 진로 탐색하기

자신이 선택한 진로에 대해 조사하고, 검토하기

진로를 구체적으로 실현할 수 있는 방법 알아보기

자신이 선택한 진로의 전망 조사하기

자신이 선택한 진로에서 활동하기 위해 필요한 경험이나 이력 알아보기

자신이 선택한 진로에서 앞으로의 계획을 세우고 설계하기

'진로탐색보고서' 한눈에 정리하기 : 예시 :

나의 진로 : 수의사

동물의 진료 또는 보건과 축산물의 위생검사에 종사하는 사람이다. 동물 병원에서 근무하며 필요한 경우 수술을 하기도 한다. 동물 질병의 전염을 예방하며 동물의 건강을 위한 상담과 동물을 돌보는 방법을 알려준다. 연구분야에 종사하는 수의사는 인체의 질병 개선 연구에 사용하는 실험 동물을 번식, 사육하며 가축의 질병 검사나 새로운 백신을 개발한다. 검역을 담당하는 수의사는 각종 질병이 외국으로부터 유입되는 것을 방지하기 위해 동물의 검사나 검역 업무를 담당하며 광견병 예방 접종을 지도한다.

나의 진로 탐색

진로 전망

생활수준의 향상과 핵가족화로 애완동물을 가족처럼 키우는 사람들이 늘고 있다. 따라서 애완동물과 관련된 분만, 예방접종, 진료 등을 담당할 수의사의 필요성이 증가하고 있다. 식품의 안전성과 위생, 수입개방에 따른 육류 검역에 대한 중요성이 커짐에 따라 수의사의 고용이 증가할 것이다.

진로 탐색 과정

커리어넷(www.careernet.re.kr), 워크넷(www.work.go.kr), 한국진로상담연구소(www.teensoft.net)

- **나의 성격 :** 사람들을 좋아하고 어울리기를 좋아한다. 친절하고 이해심이 많으며 남을 잘 도와주며 감정적이고 이상주의적이다.
- **선호 활동(흥미) :** 타인의 문제를 이해하고 도와주고 봉사하는 활동을 좋아하지만, 질서정연하고 체계적인 활동에는 별 흥미가 없다.
- **가치 :** 사랑, 평등, 헌신, 공익, 용서, 봉사

진로 방향

수의사는 주로 동물병원의 개업 수의사나 종사 수의사로 근무하며, 수의직 공무원, 동물약품회사, 연구원 등에서 일할 수 있다. 또는 동물병원에서 인턴 경험을 쌓아 진료 실무를 담당할 수 있다.

진로 준비 방법과 자격 요건

동물을 사랑하는 사람이어야 한다. 수의사는 동물의 진료나 보건, 축산물의 위생 검사에 주로 종사하기 때문에 생물 과목이 중요하다.
수의사 이야기나 동물 관련 도서를 통해 다양한 배경 지식을 쌓을 필요가 있다.

관련 자격

수의사가 되기 위해서는 수의학과를 전공하여 국가자격시험에 합격한 후 농림부장관으로부터 면허를 발급받아야 한다.

나의 진로

_____

_____

_____

○○○의
진로 탐색

진로 전망

_____

_____

_____

인터넷 사이트를 활용해 알아본 나의 적성

• 나의 성격 :

• 선호 활동(흥미) :

• 가치 :

진로 전망

진로 준비 방법과 자격 요건

관련 자격

2 진로설계서 작성하기

'진로설계서'로 미래를 설계해 보자.

진로설계서는 자기소개서 쓰기부터 진로 탐색 과정까지 지금까지 함께 생각해 본 내용들을 총망라해서 작성하면 되는 거야. 앞서 많은 내용을 정리해 보고 생각해 봤지만, 막상 진로설계서를 작성하려니 도대체 어디서부터 어떻게 시작해야 할지 막막하다는 생각이 들 거야. 하지만 '모든 일은 시작이 반'이라고 하잖아. 이제 진로설계서 쓰기는 그동안 정리한 내용들을 순서에 따라 차근차근 정리하는 일이라고 보면 돼. 자, 그럼 시작해 볼까?

진로설계서를 작성할 때 가장 먼저 생각해 볼 문제는 바로 자신의 진로에 어울리는 멋진 제목을 짓는 거야. 제목을 붙이는 일이 번거롭고, 별 의미도 없을 거라는 생각이 드니? 잘 생각해 봐. 모든 글의 얼굴은 바로 제목이야. 자기소개서나 진로설계서도 자기만의 개성이나 특징을 나타낼 수 있는 의미 있고 함축적인 제목을 붙여주면 훨씬 더 내용에 대한 기대와 신뢰를 더할 수 있는 거란다. 제목을 생각해 보는 과정에서 자신의 목표를 자연스럽게 구체화시키면서, 진로설계서에 들어갈 내용을 정리할 수도 있어. 제목을 정한 다음에는 진로설계서의 내용을 어떻게 채울 것인지, 구성과 순서를 정리해서 진로설계서의 목차를 만들어 보는 거야. 지금의 '나'와 미래의 '나'를 연결해 줄 수 있는 멋진 자기만의 작은 책자를 만든다는 생각으로 말이야.

진로설계서의 제목 짓기를 가볍게 생각하지 말고, 자신이 선택한 진로와 자신에게 어울리는 의미있는 제목을 지어 봐. 제목과 차례만 잘 정리되면 진로설계서의 반은 완성된 셈이야.

진로설계서는 자신의 꿈이나 흥미, 가치, 능력을 모두 탐색해서 자신이 앞으로 나아갈 방향에 대한 로드맵을 만드는 일이야. 좋은 진로설계서를 작성하는 일은 자신을 얼마나 잘 아느냐가 결정짓는다고 볼 수 있어. 물론 지금 작성하는 진로설계서의 내용은 시간이 지나면서 달라질 수도 있고 추가되는 내용이 생길 수도 있겠지만, 변화가 생기더라도 지금의 진로설계서가 나중에는 아주 소중한 자신만의 포트폴리오가 될 수 있단다. 어디에서 어떤 일을 하더라도 자신의 현재와 미래에 대해 체계적이고 세부적으로 설계해 둔다면, 어디서든 당당하고 자신감 있게 자신을 내세울 수 있을 거야.

진로설계서에는 우선 진로 탐색으로 알게 된 자신의 흥미와 적성, 성격, 가치관, 특기를 지금의 자기 모습과 함께 정리하는 일부터 시작해야겠지. 그리고 자신이 정한 진로에 대한 구체적인 소개를 자신이 갖추어야 할 조건이나 노력과 함께 정리하는 거야. 자신의 진로를 구체화시키는 과정에서 보다 효율적으로 성과를 이뤄내는 데 도움이 될 만한 역할 모델에 대해서도 자세히 소개할수록 좋아. 마지막으로 앞으로 자신이 나아갈 비전을 제시하면서, 자신이 선택한 진로 분야에서 전문가가 된 자신의 모습에 대해 구체적인 설명과 각오를 덧붙여 주면 아주 완성도 높은 진로설계서가 될 수 있어. 물론 그런 진로설계서라면 단순한 설계서에서 그치지 않고, 현실에서의 실현 가능성을 높여주는 믿음직한 성공 전략이 될 수 있을 거야.

제대로 된 진로설계서는 자신의 진로에 대한 실현가능성을 높여주는 믿음직한 성공 전략이 될 수 있을 거야.

'진로설계서'로 미니 책자 만들기 과정

진로설계서는 자신이 정한 진로를 구체화시킨 설계도 같은 거야. 그래서 자신의 현재 모습과 미래를 자연스럽게 연결할 수 있는 내용을 담아서 정리하면 돼. 그렇다고 진로설계서를 작성할 때 정해진 형식이 있는 건 아니야. 자신의 스타일에 맞게 자유로운 형식으로 개성 있게 작성하면 되는 거야. 여러 형식 가운데 미니 책자 형식으로 진로설계서를 작성해 보려고 해. 자, 그럼 미니 책자 형식의 진로설계서 만드는 과정을 따라가 보자.

1 **미니 책자 형식으로 진로설계서를 작성할 때는 먼저 자신의 진로에 어울리는 진로설계서의 멋진 제목을 지어 봐.**

① 자기만의 개성이나 특징을 나타낼 수 있는 의미 있고 함축적인 문구를 떠올려 봐.

② 제목을 지을 때는 자신이 정한 진로와 자신의 특징을 자연스럽게 연결시킬 수 있는 내용이면 더 좋겠지?

③ 제목이 정해졌으면, 근사한 제목을 넣어 진로설계서 미니 책자 표지를 만들어 보자.

2 진로설계서에 들어갈 항목을 정해 봐.

① 진로설계서에 들어갈 항목에는 어떤 것들이 있을지를 생각해 봐.

　진로설계서에 들어갈 항목은 앞서 정리한 진로 탐색의 내용과 자기소개서의 내용을 십분 활용해 볼 수 있겠지?

② 진로설계서에 들어갈 내용이 정해지면, 내용의 순서를 어떻게 배치할지 생각해 보고 차례를 정리해 봐. 모든 책은 차례만 보고도 내용의 핵심을 알 수 있는 거잖아. 차례만 잘 배치해도 진로설계서의 내용이 훨씬 돋보일 수 있어. 효과적으로 잘 배치한 진로설계서의 차례는 곧 가능성 충만한 자신의 미래를 예측하게 해주는 중요한 지표가 될 수 있다는 얘기야.

3 차례 구성이 끝났다면 각 항목에 맞는 구체적인 내용을 생성해 봐.

마지막으로 자신이 진로설계서에 정리한 내용을 최종적으로 점검해 보면 되는 거야.

① 현재 자신의 모습과 진로 탐색 과정, 그리고 진로 탐색 결과, 앞으로의 비전 등 세부적인 내용들을 정리해 봐.

② 최종 검토할 때는 진로설계서에 반드시 들어가야 할 중요한 내용을 빠뜨리지는 않았는지, 중복되거나 불필요한 내용은 없는지를 중심으로 살펴보면 되겠지?

한국의 파브르를
꿈꾸는
영웅이의 진로설계서

작성자 : 김영웅

차례

현재의 '나' 분석

'나'는 누구인가?

지금의 '나'에 대해 정리하기

　현재 자신을 잘 이해해야만 자신이 잘 할 수 있고, 자신에게 가장 잘 어울리는 진로를 선택할 수 있어. 자신에게 꼭 맞는 진로를 찾기 위해서는 먼저 자신의 적성과 성격 유형을 분석해 봐야 해.

■ 나의 보물 제1호는 초등학교 때부터 모아온 곤충 세밀화 스케치북이다.

　스케치북에 담긴 곤충 세밀화는 모두 내가 직접 그린 것들이다. 나는 어릴 때부터 자연과 동식물에 관심이 많았다. 특히 곤충을 좋아해서 어릴 때부터 곤충과 관련된 책들을 열심히 읽었고, 주변의 다양한 곤충들을 세심하게 관찰하면서 내가 관찰한 곤충들을 그림으로 그려두었다. 처음에는 곤충을 자세히 관찰하기 위해 그리기 시작한 세밀화가 이제는 책꽂이 한 면을 가득 채울 정도가 되었다. 그림을 그리면서 자연스럽게 곤충의 구조와 습성을 분석할 수 있었고, 곤충들마다 다른 특징들도 비교할 수 있었다. 사마귀는 무엇을 먹고, 어디서 사는지, 사슴벌레와 장수풍뎅이는 어떤 차이가 있는지, 곤충은 더듬이로 무엇을 하는지 등 곤충들에 대해서는 궁금증을 참지 못해 끊임없이 자료를 찾고 조사를 해왔다. 그때부터 주위에서 나에게 모두 '곤충박사'라고 부르기 시작했다. 그 말을 들을 때마다 나는 가슴이 두근거렸고, 뿌듯했다. 그리고 내가 진짜 곤충학자가 된 듯한 느낌이 들었다.

2 적성에 맞는 진로 탐색하기
'나'의 진로 찾기

적성에 맞는 직업 탐색하기

    현재 자신의 관심분야나 흥미가 무엇인지를 생각해 보았다면, 이를 바탕으로 전문적인 적성 검사 프로그램을 통해 자신의 성격 유형과 적성에 맞는 진로를 탐색해 보는 거야.

- **나의 성격** : 탐구심이 많고 논리적이며 분석적이다. 합리적이고 정확하면서도 지적 호기심이 많다. 내성적이고 수줍음을 잘 타며 신중하다. 사물의 진리를 탐구하고 연구하면서 가르치는 일에 보람과 긍지를 느낀다.

- **나의 선호 활동(흥미)** : 관찰적이고 체계적이며 물리적인 형상 등 창조적인 탐구를 수반하는 활동들에 흥미를 보인다. 하지만 사회적이거나 반복적인 활동에는 관심이 부족한 편이다.

- **나의 적성과 유능감** : 학구적이며 지적 자부심을 갖고 있다. 수학적 과학적 능력은 높지만 지도력이나 설득력은 부족한 편이다.

- **생의 목표** : 사물이나 현상의 새로운 발견을 통해 인류의 과학 발전에 기여할 것이다.

- **대표 직업** : 과학자, 생물학자, 화학자, 물리학자, 지질학자, 의료 기술자, 의사 등

3 진로를 위한 노력
'나'의 진로 조건

진로에 대한 구체적인 정보 수집하기

나의 진로 : 곤충학자

곤충학자 : 곤충학자는 곤충을 대상으로 종의 분류, 생리 생태 파악, 농업에의 응용, 산업에의 응용, 의학에의 응용 등 곤충을 대상으로 다양한 분야를 연구하는 사람을 말한다.

곤충학자가 되기 위한 준비

곤충에 대해서 잘 알아야 하고 오랜 시간 동안 연구를 해야 하므로 끈기가 있어야 한다. 곤충이 살고 있는 곳이라면 어떤 곳이든 갈 수 있는 모험심도 필요하다. 자연 현상이나 자연에 관심을 가지며 꾸준히 공부하고 관찰하는 습관을 기르는 것이 도움이 된다. 곤충에 대한 공부나 생물학 공부를 꾸준히 하면서 연구에 몰두하고 곤충에 관한 새로운 이론을 찾아내기 위한 학문적 호기심을 계속 유지해야 한다. 대학에 진학할 때 곤충학과를 전공으로 선택하는 것도 유리하다. 하지만 곤충학자라고 해서 생물학이나 과학에만 치중해서는 안 된다. 독서를 비롯한 다양한 매체를 통해 깊이 있는 배경지식을 쌓고, 외국어를 열심히 공부하는 것도 필수 조건이다.

'나'의 진로 전망

진로에 대한 앞으로의 전망 분석하기

곤충은 좋아하는 사람도 있지만, 아직까지는 많은 사람들이 징그럽거나 지저분하다거나, 무섭다는 선입견을 갖고 있는 생명체이기도 하다. 하지만 곤충의 세계를 이해하면 곤충 역시 다른 생명체들과 마찬가지로 신비 그 자체다. 실제로 오늘날 곤충을 과학 기술에 활용해 첨단 제품을 만들어 내는 예가 무궁무진하다. 곤충의 능력을 잘만 활용하면 기술 혁신의 보고가 될 수 있을 거라는 예측은 이미 현실이 되고 있다.

예를 들어 소금쟁이가 가라앉지 않고 물 위에 떠 있는 현상을 모방해서 방수 섬유를 만들기도 한다. 그런가 하면 누에가 생산하고 있는 실크 자체도 인공 혈관을 제작하는 등 유용한 소재가 되고 있다.

흡혈곤충의 경우는 뇌경색 치료제 개발에 쓰이기도 하고, 초파리의 후각 메커니즘을 활용한 위험물 감지 로봇이나 구조 로봇 등을 개발하고 있다.

곤충학자는 단순히 곤충의 생태를 연구하는 데서 머무는 학자가 아니다. 연구를 통해 새롭게 밝혀진 사실들을 실생활에 어떻게 활용하고 응용하느냐에 따라 인류의 미래를 혁신적으로 발전시킬 수 있는 열쇠를 쥐고 있으며, 미래 가능성 또한 무궁무진하다고 볼 수 있다.

5 꿈의 본보기
'나'의 역할 모델

나의 성장과 발전을 위한 본보기

나의 역할 모델 1호 : 장 앙리 파브르

곤충학자의 대명사이자 과학자의 대명사로 통하는 파브르는 어릴 때 맨처음 내가 알게 된 곤충학자의 이름이다. 처음에는 곤충에만 관심이 많았지만, 파브르의 이야기를 통해 곤충학자가 지녀야 할 자세에 대해서도 생각해 보게 되었다. 파브르는 매우 온화하고 겸손한 학자였으며, 곤충에 관한 갖가지 오해를 풀기 위해 철저한 관찰과 검증을 통해 과학적인 사실을 밝혀내려고 애썼다. 심지어 자신이 알고 있는 사실을 확실히 하기 위해 매미 유충을 직접 먹어보았다고 한다. 파브르는 평소에 곤충을 끈기 있게 관찰한 것으로도 유명하다. 그리고 자신이 관찰한 것을 기록할 때도 아주 조심스러워서 때로는 한 동물에 대한 관찰과 기록이 몇 년씩 걸리기도 했다. 그래서 파브르는 자신이 관찰한 곤충에 대해 성급하게 결론을 내리는 실수를 범하지도 않았고, 예로부터 전해 내려오는 잘못된 지식들을 그냥 베껴 쓰는 법도 없었다. 파브르는 자기가 몸소 관찰하고 철저히 검토한 내용에 대해서만 기록을 남겼다. 파브르는 곤충학자라면 반드시 갖추어야 할 겸손과 끈기, 실험정신을 모두 가지고 있다. 나도 파브르 같은 자세로 곤충을 연구하여 인류에 기여하고 싶다.

6 미래를 위한 각오
'나'의 다짐

자신의 진로 분야에서 원하는 미래 모습 꿈꾸기

자신이 꿈꾸는 미래의 모습을 구체화시켜 표현해 보고, 각오를 다지면서 진로를 확고히 해 봐.

> 나의 역할 모델 1호는 장 앙리 파브르, 나의 역할 모델 2호는 한국의 나비박사 석주명이다. 나는 앞으로 파브르와 석주명 박사에 버금가는 한국의 곤충학자가 되기를 꿈꾼다.

한국이 낳은 세계적인 곤충학자를 꿈꾸는 나! '김영웅'의 목표는

첫째, 아직까지 알려지지 않은, 사람들이 알지 못하는 곤충 세계의 비밀을 밝혀 내는 것이다.

둘째, 나 '김영웅'이 밝혀낸 곤충의 비밀이 우리의 일상 생활 속에서 유용하게 쓰이는 것이다.

그리고 마지막으로 곤충박물관을 만들어 세계의 다양한 곤충의 세계를 많은 아이들에게 소개할 것이다. 곤충박물관에는 다양한 표본을 전시하고, 다양한 체험 공간과 교육 시설을 갖출 것이다. 이곳에서 나 '김영웅'의 뒤를 이어 한국을 빛내는 세계적인 곤충학자가 우리나라에서 길러질 수 있도록 환경과 기회를 제공할 것이다.

'진로설계서' 미니 책자 만들기 : 실전 :

작성자 : _____

차례

1

2

3

4

5

6

1 현재의 '나' 분석
'나'는 누구인가?

지금의 '나'에 대해 정리하기

① 나의 흥미 분야는

② 내가 이 분야에 흥미를 갖게 된 계기는

③ 앞으로 내가 갖고 싶은 직업은

2 적성에 맞는 진로 탐색하기
'나'의 진로 찾기

적성에 맞는 직업 탐색하기

1 나의 성격 :

2 나의 선호 활동(흥미) :

3 나의 적성과 유능감 :

4 생의 목표 :

5 대표 직업 :

3 `'나'의 진로 조건

진로를 위한 노력

진로에 대한 구체적인 정보 수집하기

1 나의 진로

2 진로를 위해 필요한 준비

4 비전 만들기
'나'의 진로 전망

진로에 대한 앞으로의 전망 분석하기

5 꿈의 본보기
'나'의 역할 모델

나의 성장과 발전을 위한 본보기

Ⅰ 나의 역할 모델 :

6 미래를 위한 각오
미래를 위한 각오
'나'의 다짐

자신의 진로 분야에서 원하는 미래 모습 꿈꾸기

홀랜드 진로 유형별 성격 특성

진로 유형	성격 적성
I 탐구형	논리적이고 분석적이며 탐구심이 있다. 합리적이고 정확하며 호기심이 많다. 소극적, 내성적이면서 학문적이다.
A 예술형	상상력과 감수성이 풍부하다. 개방적이고 직관적이며 자유분방하다. 개성이 강하며 협동적이지 않다.
S 사회형	친절하고 이해심 많다. 남을 도와주는데 관대하며 우호적이다. 협동적이면서도 감정적이며 외향적이다.
E 기업형	지도력과 설득력이 있으며 경쟁적이다. 열성적이고, 야심적이며 외향적이다. 모험심이 있고 낙관적이다.
C 관습형	정확하고, 빈틈없고, 조심성이 있다. 변화를 싫어하며 계획성 있고 사무적이다. 완고하며 책임감이 강하다.
R 실재형	솔직하고 성실하다. 검소하고 말이 적으며 직선적이면서 단순하다.

전 공	직 업
자연대학, 의과대학, 화학과, 생물학과, 수학과, 천문학과, 사회학과, 심리학과 유전공학과	과학자, 의사, 생물학자, 화학자, 수학자, 저술가, 지질학자, 편집자
예술대학, 음악, 미술, 도자기 공예과, 연극영화과, 국문학과, 영문학과, 무용과	예술가, 시인, 소설가, 디자이너, 극작가, 연극인, 미술가, 음악평론가, 만화가
사회복지학과, 사범대학, 교육학과, 심리학과, 가정학과, 간호학과, 재활학과, 레크레이션학과	교사, 임상치료사, 사회복지사, 양호교사, 간호사, 청소년지도자, 유아원장, 종교지도자, 상담가, 사회사업가
경영학과, 경제학과, 정치외교학과, 법학과, 무역학과, 사관학교, 정보학과, 보험관리과	정치가, 기업경영인, 광고인, 영업사원, 보험사원, 핀시, 관리지, 공장장, 판매관리사, 매니저
회계학과, 무역학과, 행정학과, 도서관학과, 컴퓨터학과, 세무대학, 정보처리학과, 법학과	회계사, 세무사, 경리사원, 은행원 법무사, 컴퓨터 프로그래머
공과대학, 기계공학과, 전자공학과, 화학공학과, 농과대학, 축산대학, 컴퓨터공학	기술자, 엔지니어, 기계기사, 정비사, 전기기사, 운동선수, 건축가, 도시계획가

참고 도서

:: 넌 정말 뭐가 되고 싶니? 은혜경/오늘의책

:: 독서천재가 된 홍대리 : 이지성, 정회일/다산라이프

:: 꿈꾸는 다락방 : 이지성/국일미디어

:: 독서불패 : 김정진/이삭출판

:: 글로벌 인재를 위한 취업과 진로 : 이현숙/보문각

:: 〈진로탐색검사의 표준화를 위한 연구〉 안창규지음, 1996년/한국심리학회

진로 관련 추천 인터넷 사이트

:: 커리어넷 (www.careernet.re.kr)

:: 워크넷 (http://www.work.go.kr)

:: 한국진로상담연구소 (http://www.teensoft.net)